まぜるだけ！ 本格調理ゼロでも
即ウマ＆爆ウマ！ 絶品

ずぼらめし

ずぼらめしじぇーぴー

宝島社

はじめに

はじめまして、こんにちは！ **ずぼらめしじぇーぴー**です。
数あるレシピ本のなかから本書を選んでいただき、ありがとうございます！

私たちは調理器具や調味料など便利なものはとことん駆使し、
時短＆簡単だけど、おいしい**ずぼらレシピ**をお届けする
レシピ動画サイトです。

2019年にスタートして、平日は毎日1レシピを更新。
開始21カ月でインスタグラムは**フォロワー36万人**を突破する
人気アカウントとなりました！

「ずぼら」と聞くとあまりいい言葉には聞こえないかもしれませんが、
私たちの周りには、とても便利な道具が溢れています。
レンジ、炊飯器などの家電製品に、調味料やレトルト食品！
便利と楽をどんどん求めたからこそ、テクノロジーは進化し、
今、手軽においしい料理を楽しむことができているのです。

そう。つまり、簡単、便利を極めた**ずぼらは正義！**
積極的に進んで間違いありません！

もちろん、こだわって手間暇かけた料理はおいしいですよね？
でも、それが365日続くとなるとどうでしょう？

だからこそ、声を大にして伝えたい。

レンジ、トースターいいじゃない！
コンビニ、レトルトいいじゃない！

使えるものはとことん使って、簡単においしい料理が食べられたら
最高じゃないですか！！！

もちろん、おいしさにも徹底的にこだわります！
すべてのレシピはメンバーで試作＆試食を重ね、
「これぞ！」というものをご紹介。
現在は、470 を超えるレシピ（2021 年 2 月時点）をお届けしています！

また初の書籍化ということで、
これまでサイトで紹介してきた**バズレシピ**を
よりずぼらに、よりおいしくなるよう改良を加えました。
包丁、まな板、フライパンがなくても OK ！
また、新作メニューもたっぷりあるので、
フォロワーさんにも大満足の内容に仕上がっています。

忙しいあなたが、**少しでも簡単においしく**
ごはんを食べられるように──。
では、さっそく手軽においしいを極めましょう。

もくじ

調理道具いらずの
絶品ずぼらめし

お肉を使った
がっつりメイン料理

Part 4
調理時間8分で完成！ 手間なし主食

Part 5
1つの食材で7種類！
1週間アレンジレシピ

 アボカド

 ちくわ

 サラダチキン

 さば缶

豆腐

Part **6**

惣菜を利用して超簡単！
極ウマ！アレンジ

撮影	井上雅央
フードスタイリング	川畑祐子
フードアシスタント	泉 真希（ずぼらめしじぇーぴー）
デザイン	篠原里佳（TRYOUT）
制作	山下智子、森中奈央（TRYOUT）
企画・編集	吉原彩乃（宝島社）

ずぼらめしの
zubora-meshi.jp

ずぼらのルール

私たちがレシピを考えるうえで大切にしていることを紹介します。

調理器具はできる限り少なく!

料理は「作って」「食べて」で
終わりではありません。
食器を洗って「片付ける」までが料理です。
包丁、まな板、鍋、フライパン……。
必要なければどんどん省いて、
後片付けも簡単に、を目指します。

手間は省いても味にはこだわる!

ドレッシングや焼肉のたれなど、
すでにおいしくブレンドされている
調味料はどんどん活用していきます。
砂糖やしょうゆなどの
基本的な調味料も
できればちょっと贅沢に。

一つの食材はアレンジメニューで使い切る!

特に一人暮らしや二人暮らしの場合、
せっかく買った食材を
余らせてしまうのはもったいない!
だから、一つの食材でも、
和風・中華・アジアンなど
いろんな味で楽しめるレシピを
考えます。

調理時間もできる限り少なく!

パパッとできるのがずぼらめしの極意。
だから、調理時間はできる限り少なく。
そのための便利な道具も
たくさんあるので、
どんどん活用していきます。
でも、漬けたり、ねかせたりする
下準備の時間は……大目に見てね。

ずぼらめし
必須6道具

本格的な料理を目指すなら、包丁やまな板、フライパンなどの調理器具も
あったほうがいいですが、すぼらでいくならこれくらいの道具だけあればOK！

キッチンばさみ
留め具を外して分解
できるものならしっ
かり洗えて衛生的！

耐熱ボウル
食材をボウルの上で
切ればまな板いらず。
耐熱性だからレンチン
もOK！

ポリ袋
まぜる・漬ける・
冷蔵・冷凍・解
凍に大活躍！

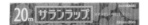

ラップ
電子レンジで温めるとき
は、隙間をあけた「ふ
んわりラップ」が基本！

大さじ・小さじ
初心者は必須。おいし
い料理の第一歩は正
しい計量から！

計量カップ
1〜2人分なら1カップ
（200ml）程度の大き
さでもOK！

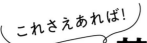

基本の調味料

塩

こしょう＆
ブラック
ペッパー

砂糖

グラニュー糖などの白いものより、三温糖や黒糖がおすすめ。

しょうゆ

だししょうゆ

牡蠣しょうゆもおすすめ！

白だし

酢

酒

料理酒がなければ、普通の日本酒でもOK。

みりん

ポン酢

鶏ガラ
スープの素

コンソメ

いろいろある調味料のなかでも、これだけはそろえておきたい基本の調味料を紹介します。
一例なので、メーカーやブランドは好きなものや家にあるものを選んでOK。

オリーブ
オイル

ごま油

10gや8gなどに切れているものが便利。

バター

マヨネーズ

しょうゆ代わりに使うとアジアンテイストに！

ナンプラー

チーズ

チューブ入りなので、さっと使えて手も汚れない。

チューブ入り商品

いりごま

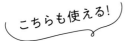

こちらも使える！

焼肉のたれ・フレンチドレッシング・
ごまドレッシング・オイスターソース・
中華ペーストなど

便利なものは
とことん使って簡単！
でもおいしい！
それが「ずぼらめし」

この本の使い方

野菜と肉がナイスバランス！

アスパラとレタスと 牛肉の中華炒め

調理動画の二次元コードつきだから分かりやすい！

材料（2人前）

200g	アスパラ	3本
大さじ1	レタス	3枚
ひとつまみ		

合わせ調味料 ※まぜておく

だししょうゆ	大さじ1
※牡蠣しょうゆがおすすめ	
中華ペースト	小さじ1
砂糖	大さじ1/2

調味料は見たまま、書いてある順番で入れるだけ！

黒糖や牡蠣しょうゆを推奨しますが、なければ家にあるものでもOK！

作り方

酒
大さじ1

塩
ひとつまみ

↓

合わせ
調味料

2 まぜる

根元を切り手で簡単に折れるところで折ったアスパラ、適当な大きさにちぎったレタスを入れ、合わせ調味料を加えてよくまぜる。

Check!!
解凍した冷凍アスパラを使えば簡単！

Check!!（料理の豆知識）や Arrange!!（アレンジメニュー）など、料理上手になるためのヒントも！

3 レンチン

ふんわりラップで2分30秒レンチン。肉に火が通ったら完成。汁はお好みで。

- この本で使用しているのは600Wの電子レンジ（フラットテーブル型）と1000Wのトースターです。メーカーによって加熱時間に差がある場合がありますので、様子を見ながら加減してください。
- 生肉を加熱する場合は、食べる前にきちんと火が通っているかを確認してください。
- 耐熱ボウルは直径18.6cm、プラスチック製のものを使用しています。
- ボウルの写真は材料が見やすいように撮影しています。
- ごはん1膳は約150g、（大）は大盛りで180gです。
- 豆腐は3個パックのものを使用しています。
- 完成品にあるつけ合わせなどは材料に含まれていません。
- 動画と手順や表現が違うものがあります。

細かいことを書きましたが、材料、分量はアレンジOK！
なければ、今あるもの、好きな量で楽しんで作ってみてください。
なんせ「ずぼらめし」ですから！

Part 1

調理道具いらずの

絶品
ずぼらめし

ごま油の香りが沼ウマ！

レタスまるごとダイエットサラダ

材料〈2人前〉

ごま油	大さじ3	レタス	1玉	いりごま	お好みで
しょうゆ	大さじ1と1/2	韓国のり	10枚		
にんにくチューブ	5㎝	ブラックペッパー	適量		

作り方

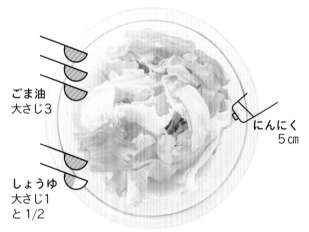

ごま油
大さじ3

にんにく
5㎝

しょうゆ
大さじ1
と1/2

1 まぜる

ボウルにごま油、しょうゆ、にんにくを入れてよくまぜたら、ちぎったレタス、韓国のりを加えてさらによくまぜる。

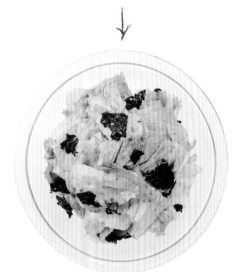

2 かける

ラップをして冷蔵庫で10分おいたら、ブラックペッパーといりごまをかけて完成。

インスタ
で大人気

ちくわの マヨからし和え

材料〈2人前〉

ちくわ	4〜6本	しょうゆ	小さじ2
マヨネーズ	大さじ3	すりごま①	大さじ2
からしチューブ	8㎝	すりごま②	適量

作り方

1 入れる

ちくわを幅1㎝程度の斜め切りにし、ボウルに入れる。

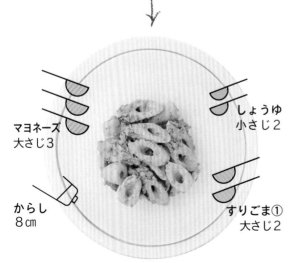

マヨネーズ
大さじ3

からし
8㎝

しょうゆ
小さじ2

すりごま①
大さじ2

2 まぜる

マヨネーズ、からし、しょうゆ、すりごま①を加えてよくまぜ、すりごま②をかけたら完成。

Arrange!!
お好みで大葉やかいわれをのせてもおいしい

からしマヨ
が最高

ポン酢とマヨでごはんがすすむ

しらすマヨネーズ丼

材料〈1人前〉

しらす	大さじ1～2	マヨネーズ	大さじ1	刻みのり	適量
ポン酢	大さじ1	ごはん	1膳分		
しょうゆ	小さじ1	大葉	5枚		

作り方

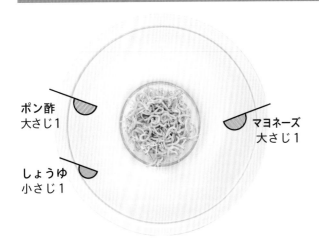

ポン酢
大さじ1

しょうゆ
小さじ1

マヨネーズ
大さじ1

1 まぜる

ボウルにしらすを入れ、ポン酢、しょうゆ、マヨネーズを加えてよくまぜる。

Check!!

細切りは幅3mm程度、千切りは幅1～2mm程度の切り方

細切り　千切り

2 のせる

ごはんの上にのせ、千切り大葉と刻みのりをのせたら完成。

Check!!

ごはん1膳＝約150g、1合で約2膳分

お財布にも
優しい！

ちょっとひと手間で極ウマ

たこと大葉の和えもの

材料〈2人前〉

ゆでだこ（生食用）	130g	白だし	大さじ1
大葉	5枚	ごま油	大さじ1
しょうゆ	小さじ1	刻みのり	適量

作り方

1 入れる

ボウルに食べやすい大きさに切ったゆでだこと千切り大葉を入れる。

Arrange!!
刻みねぎを入れてもおいしい！

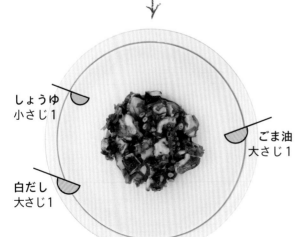

しょうゆ
小さじ1

ごま油
大さじ1

白だし
大さじ1

2 まぜる

しょうゆ、白だし、ごま油を加えてよくまぜ、刻みのりをのせたら完成。

大人の味

トマトと
ザーサイの和えもの

材料〈2人前〉

ミニトマト	10〜12個	砂糖	小さじ 1/2
味付けザーサイ	大さじ2	こしょう	2ふり
ごま油	大さじ1		

作り方

1 入れる

食べやすい大きさに切ったミニトマトと幅0.5〜1㎝に切ったザーサイをボウルに入れる。

ごま油
大さじ1

こしょう
2ふり

砂糖
小さじ1/2

2 まぜる

ごま油、砂糖、こしょうを加え、まぜ合わせたら完成。

Arrange!!

いりごまをかけてもおいしい！

本格中華
の味

しその香りがそそる

鮭としば漬けの まぜごはん

材料〈1人前〉

ごはん	1膳分	大葉	2枚
しば漬け	大さじ1		
鮭フレーク	大さじ1		

作り方

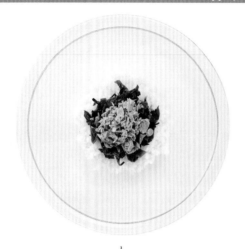

1 まぜる

ボウルにごはん、しば漬け、鮭フレークを入れ、よくまぜる。

Check！！
しば漬けが大きければ、適当な大きさに切ってから入れる

2 のせる

器に盛り、千切り大葉をのせたら完成。

Arrange！！
お茶漬けにしてもおいしい！

ほかほかごはん
にぴったり

いんげんと
なめたけの和えるだけ

材料〈2人前〉

冷凍いんげん	20本
なめたけ	大さじ3
すりごま	小さじ1

作り方

熱湯
適量

1 もどす

冷凍いんげんを5cm程度に
折ったら、耐熱ボウルに入れ、
熱湯をかけて2分待つ。

すりごま
小さじ1

2 まぜる

水気を切り、なめたけとすり
ごまを加えてまぜ合わせたら
完成。

焼肉のたれでコクがアップ

マグロのユッケ
@焼肉のたれ

材料 〈1人前〉

焼肉のたれ	大さじ 1/2	コチュジャン	小さじ 1
しょうゆ	小さじ 1	マグロ切り落とし	6〜8切れ
ごま油	小さじ 2	卵黄	1個分

刻みねぎ .... 適量
いりごま .... 適量

作り方

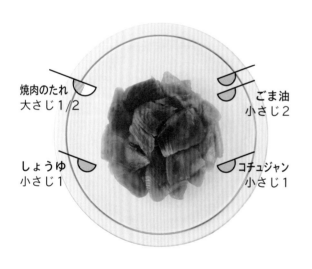

焼肉のたれ
大さじ 1/2

ごま油
小さじ 2

しょうゆ
小さじ 1

コチュジャン
小さじ 1

1 まぜる

ボウルに焼肉のたれ、しょうゆ、ごま油、コチュジャンを入れてよくまぜ、マグロを加えてさらにまぜる。

2 のせる

器に盛って卵黄をのせ、刻みねぎといりごまをちらしたら完成。

Check!!
卵黄は一度卵を器に割り入れ、スプーンで取り出すと崩れにくい

Arrange!!
丼にしてもおいしい！

手軽に
韓国の味

意外な組み合わせが爆ウマ

カニカマの
アジアンちらし寿司

材料〈2人前〉

ピーナッツ	大さじ2	フレンチドレッシング	大さじ2
カニカマ	10本	ナンプラー	大さじ1と1/2
ごはん	2膳分	こしょう	適量

パクチー……10本

作り方

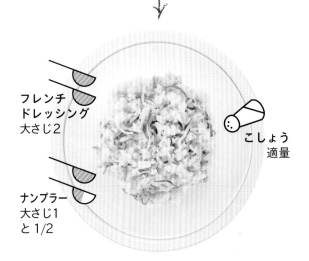

フレンチ
ドレッシング
大さじ2

ナンプラー
大さじ1
と1/2

こしょう
適量

1 くだく

ピーナッツはポリ袋に入れて
くだいておく。

2 入れる

ボウルにほぐしたカニカマと
ごはん、くだいたピーナッツを
入れる。

3 まぜる

フレンチドレッシング、ナンプ
ラー、こしょうを加えてよくま
ぜ、適当な大きさに切ったパク
チーをのせたら完成。

Arrange!!
パクチーの代わりに大葉でもOK！

パクチーが
ウマー

あのスナックが大変身

えびせんTKG

たまご かけ ごはん

材料〈1人前〉

ごはん	1膳分	ごま油	大さじ1/2
卵黄	1個分	塩	適量
えびせんスナック	8〜10本	ブラックペッパー	適量

作り方

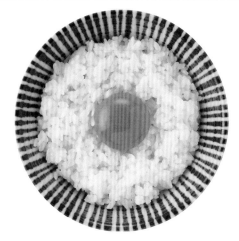

1 のせる

器にごはんを盛り、真ん中にくぼみをつくって卵黄をのせる。

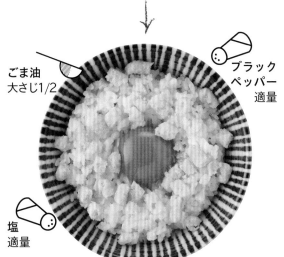

ごま油
大さじ1/2

ブラック
ペッパー
適量

塩
適量

2 ちらす

卵黄の周りにくだいたえびせんスナックをちらし、ごま油、塩、ブラックペッパーをかけたら完成。

サクサクで
おいしい

大さじってどれくらい？

大さじ、小さじ、少々など、レシピ本には専門用語が欠かせません。
正しい量り方を知ることは「おいしい」への第一歩。
家に大さじがない場合の代用品も紹介します！

大さじ　15㎖・15cc　　　小さじ　5㎖、5cc

[大さじ1の量り方]

液体はこぼれる直前まで、粉類は山盛りじゃなくてすり切り。
15㎖と15cc は同じ量、同じ量でも重さはものによって違うので注意

液体　　　粉類　　　山盛りはNG！

同じ大さじ 1 でも g（重さ）はものによって違うので注意

塩	砂糖（上白糖）	しょうゆ	酒	小麦粉	マヨネーズ
18g	9g	18g	15g	9g	12g

[大さじ1/2は？]

液体は 7 分目くらい、粉類はスプーンの柄などですり切る

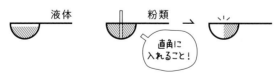

液体　　　粉類　　　直角に入れること！

[道具がないときは？]

小さじ 3 ＝大さじ 1、ペットボトルの蓋がおよそ大さじ 1/2

小さじ ＝ 大さじ　　　＝ 大さじ

お肉を使った

がっつり
メイン料理

チキンの 和風ロースト

材料〈2人前〉

しょうゆ	大さじ2	ごま油	大さじ1
白だし	大さじ1	しょうがチューブ	3cm
砂糖	大さじ2	にんにくチューブ	3cm

※黒糖がオススメ

鶏もも肉 ────── 1枚（約300g）

作り方

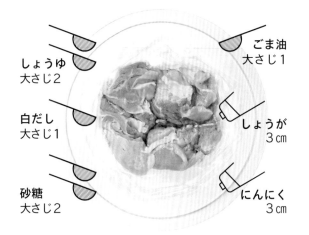

しょうゆ
大さじ2

白だし
大さじ1

砂糖
大さじ2

ごま油
大さじ1

しょうが
3cm

にんにく
3cm

1 もむ

ポリ袋にしょうゆ、白だし、砂糖、ごま油、しょうが、にんにく、鶏肉を入れよくもみ、冷蔵庫で3時間ねかせる。

途中でひっくり返す

2 レンチン

耐熱ボウルに **1** の鶏肉を皮側を下にして汁ごと入れ、ふんわりラップで4分レンチン。鶏肉を裏返し、ラップをせずに3分レンチン。肉に火が通ったら完成。

しっとり
おいしい

ウマくない訳がない

鶏肉の
マヨチーズ焼き

材料〈2人前〉

鶏もも肉（切り身）
────── 6〜8切れ（約150g）
マヨネーズ────────大さじ2
しょうゆ────────大さじ1/2
ピザ用チーズ──────好きなだけ
ブラックペッパー────────適量

作り方

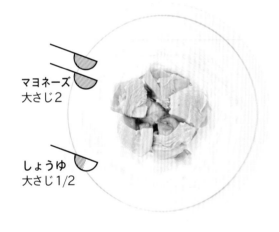

マヨネーズ
大さじ2

しょうゆ
大さじ1/2

1 もむ

ポリ袋に鶏肉を入れ、マヨネーズ、しょうゆを加えてもむ。

2 レンチン

耐熱ボウルに**1**の鶏肉を並べ、ピザ用チーズをまんべんなくのせてふんわりラップで**6**分レンチン。肉に火が通ったらブラックペッパーをかけて完成。

Arrange!!
ドライパセリをかけてもおいしい！

マヨチー
は沼！

大人にも子どもにも大人気

鶏手羽元の
カレーロースト

材料〈2人前〉

鶏手羽元	8本	焼肉のたれ	大さじ1
オリーブオイル	大さじ2	にんにくチューブ	8㎝
カレー粉	大さじ2	こしょう	小さじ1/2

作り方

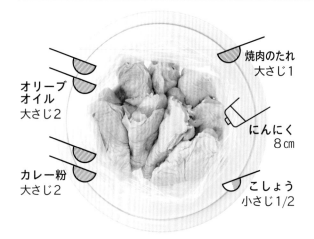

オリーブ
オイル
大さじ2

カレー粉
大さじ2

焼肉のたれ
大さじ1

にんにく
8㎝

こしょう
小さじ1/2

1 もむ

ポリ袋に鶏肉を入れ、オリーブオイル、カレー粉、焼肉のたれ、にんにく、こしょうを加えてよくもみ、冷蔵庫で3時間ほどねかせる。

2 レンチン

耐熱性の器に1の鶏肉をなるべく重ならないように並べ、ラップをせずに10分レンチン。肉に火が通ったら完成。

Arrange!!
辛いのが苦手な人はカレー粉を少なめに

カレー味
最高！

スープまでおいしい

鶏もも肉のトマト煮

材料〈2人前〉

鶏もも肉(切り身) 8〜10切れ(約250g)	にんにくチューブ——5㎝
オリーブオイル——大さじ1	チキンコンソメ——1個(約7g)
しょうゆ——大さじ1	カットトマト缶——1缶

トマトケチャップ——大さじ3
ブラックペッパー——適量
ドライパセリ——適量

作り方

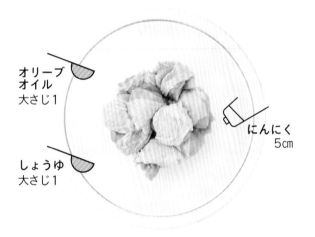

オリーブ
オイル
大さじ1

にんにく
5㎝

しょうゆ
大さじ1

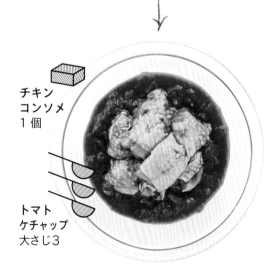

チキン
コンソメ
1個

トマト
ケチャップ
大さじ3

1 まぜる

耐熱ボウルに鶏肉、オリーブオイル、しょうゆ、にんにくを入れてよくまぜる。

2 レンチン

ふんわりラップで7分レンチン。チキンコンソメを加えて溶かし、カットトマト、ケチャップを加えてよくまぜ、ふんわりラップで5分レンチン。肉に火が通ったらさらにまぜ、ブラックペッパー、ドライパセリをかけて完成。

Arrange!!
粉チーズをかけてもおいしい!

トマトが
染みウマ

豆苗がおいしい　蒸し豚もやし

材料〈2人前〉

もやし	1袋
豆苗（せりでも OK）	1袋
豚バラ肉（薄切り）	200g
酒	大さじ1

合わせ調味料　※まぜておく

ごま油	大さじ1
ポン酢	大さじ2
しょうゆ	大さじ1

※牡蠣しょうゆがおすすめ

いりごま	適量
刻みねぎ	適量

作り方

1 入れる

耐熱ボウルにもやしを敷き詰め、適当な長さに切った豆苗をのせる。

2 レンチン

1 の上に豚肉をなるべく重ならないよう敷き詰め、酒を全体にかけたらふんわりラップで7分レンチン。

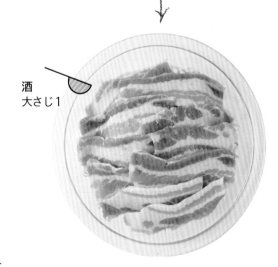

酒
大さじ1

3 かける

肉に火が通ったら器に盛り、合わせ調味料をかけ、いりごま、刻みねぎをのせたら完成。

肉巻きが
おすすめ

豚キムチ
@丼にしても最高

材料〈2人前〉

材料		合わせ調味料 ※まぜておく			
豚バラ肉	140g	しょうゆ	大さじ 1/2	白菜キムチ	80g
にんにくの芽	40g	オイスターソース	小さじ 1		
		ごま油	小さじ 1		
		片栗粉	小さじ 1 と 1/2		

作り方

合わせ
調味料

1 まぜる

耐熱ボウルに食べやすい大きさに切った豚肉とにんにくの芽を入れ、合わせ調味料を加えてまぜる。

2 レンチン

食べやすい大きさに切ったキムチを加え、ふんわりラップで3分30秒レンチン。肉に火が通ったら軽くまぜて完成。

間違いない
ウマさ！

ウマすぎる しょうが焼き

材料 〈2人前〉

冷凍玉ねぎスライス	50g
豚肉（こま切れかバラ）	250g
天ぷら粉	大さじ1と1/2

合わせ調味料 ※まぜておく

しょうゆ	大さじ2	しょうがチューブ	10㎝
酒	大さじ2	はちみつ	小さじ1
みりん	大さじ2		

作り方

冷凍玉ねぎはネットショップなどで買えます！

合わせ調味料

1 レンチン

耐熱ボウルに冷凍玉ねぎスライスを入れ、ふんわりラップで1分30秒レンチン（生の玉ねぎを使う場合も同様）。

2 まぶす

ポリ袋に豚肉と天ぷら粉を入れ、上下にふりながらまぶす。

3 レンチン

耐熱ボウルに豚肉を敷き詰め、ラップをせずに2分レンチン。1と合わせ調味料を加えてよくまぜ、ふんわりラップで3分レンチン。肉に火が通ったら、たれとよくからませて完成。

甘辛が
爆ウマ

女子会にもぴったり

豚肉でなんちゃって
チーズタッカルビ

材料〈1人前〉

豚肉（こま切れかバラ）	80g	ピザ用チーズ	好きなだけ
ごま油	大さじ1	ブラックペッパー	適量
白菜キムチ	100g	一味とうがらし	適量

作り方

ごま油
大さじ1

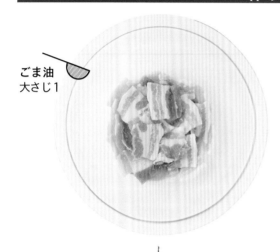

1 レンチン

耐熱性の器に食べやすい大きさに切った豚肉を入れ、ごま油をまぶしたらふんわりラップで2分レンチン。

2 まぜる

食べやすい大きさに切ったキムチを入れ、よくまぜたらボウルの真ん中に集め、周りにピザ用チーズを敷き詰める。

3 レンチン

ふんわりラップで1分30秒レンチン。ラップを取ってさらに2分レンチン。肉に火が通ったらブラックペッパーと一味をかけて完成。

とろ〜リチーズ
が爆ウマ

くったりキャベツがおいしい

ウインナーとキャベツの
洋風煮込み

材料〈2人前〉

ウインナー	6本	水	100㎖	塩	少々
キャベツ	3〜4枚	白ワイン	大さじ1	ブラックペッパー	適量
ローリエ	1枚	チキンコンソメ	1/2個（約3g）		

作り方

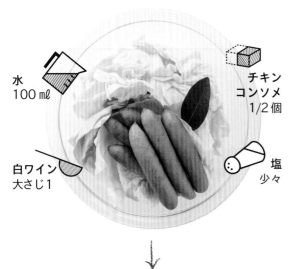

水 100㎖

チキンコンソメ 1/2個

白ワイン 大さじ1

塩 少々

1 レンチン

耐熱ボウルにウインナー、適当な大きさに切ったキャベツ、ローリエ、水、白ワイン、チキンコンソメ、塩を入れ、ふんわりラップで4分レンチン。

Check！！
少々＝親指と人さし指でつまんだ量

2 まぜる

材料を上下返してまぜ、ふんわりラップで4分レンチン。ブラックペッパーをかけて完成。

ワインに
ぴったり

自宅で本格バル気分

ウインナーと
トマトのチーズ焼き

材料〈2人前〉

ウインナー	4本	オリーブオイル	大さじ1
ミニトマト	5〜6個	塩	ひとつまみ
粉チーズ	大さじ2	ブラックペッパー	適量

ドライパセリ 適量

作り方

1 入れる

耐熱ボウルに斜め切りにしたウインナーと半分に切ったミニトマトを入れる。

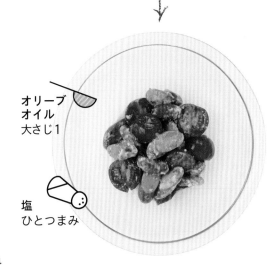

オリーブオイル
大さじ1

塩
ひとつまみ

2 レンチン

粉チーズ、オリーブオイル、塩を加えてふんわりラップで2分レンチン。よくまぜたらブラックペッパーとドライパセリをかけて完成。

Check!!

ひとつまみ＝親指、人さし指、中指でつまんだ分量

ペッパー多めも
おすすめ

ウインナーの2分であったかスープ

材料〈2人前〉

ウインナー	4本	ごま油	小さじ2
レタス	2〜3枚	中華ペースト	小さじ1と1/2
熱湯	320㎖	しょうがチューブ	3㎝

刻みねぎ	適量
いりごま	適量

作り方

1 レンチン

耐熱性の器に斜め切りにしたウインナーとちぎったレタスを入れ、ふんわりラップで1分レンチン。

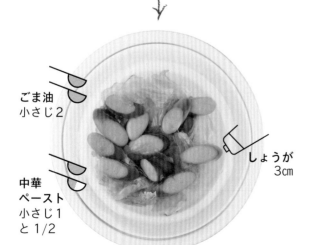

ごま油
小さじ2

中華
ペースト
小さじ1
と1/2

しょうが
3㎝

2 まぜる

熱湯を入れ、ごま油、中華ペースト、しょうがを加えてよくまぜ、刻みねぎといりごまをのせたら完成。

ほっこり
おいしい

にんにくの芽の
　　　ベーコンで巻き

がっつりメイン料理

材料〈2人前〉

にんにくの芽⋯⋯⋯⋯⋯⋯8本
塩⋯⋯⋯⋯⋯⋯⋯⋯⋯⋯適量
こしょう⋯⋯⋯⋯⋯⋯⋯適量

スライスベーコン
（ロングサイズ）⋯⋯⋯⋯⋯8枚

作り方

塩
適量

こしょう
適量

1 まぜる

耐熱ボウルに5cmに切ったに
んにくの芽、塩、こしょうを入
れまぜる。

2 レンチン

数本ずつスライスベーコンで
巻いて串に刺し、ラップをせず
に2分レンチンして完成。

Check!!
ハーフベーコンの場合は2枚巻くと
おいしい!

ウマさが
止まらない

いつもとはひと味違うウマさ

ナンプラーの あっさり青椒肉絲

（チン ジャオ ロー スー）

材料〈2人前〉

牛肉（焼肉用）——— 250g ※薄切り肉でもOK	片栗粉——— 大さじ1/2	ナンプラー——— 大さじ1と1/2
ごま油——— 大さじ1	ピーマン——— 3個	砂糖——— 大さじ1 ※黒糖がおすすめ
にんにくチューブ——— 5cm	パプリカ——— 1/2個	
塩麹——— 大さじ1	たけのこ水煮（細切り）——— 100g	塩——— ひとつまみ

作り方

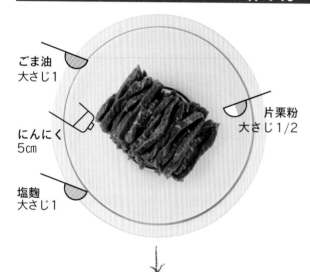

ごま油
大さじ1

にんにく
5cm

塩麹
大さじ1

片栗粉
大さじ1/2

1 まぜる

耐熱ボウルに細切りにした牛肉、ごま油、にんにく、塩麹、片栗粉を入れて軽くまぜる。

2 レンチン

ふんわりラップで5分レンチン。細切りにしたピーマンとパプリカをラップに包み、1分20秒レンチン。

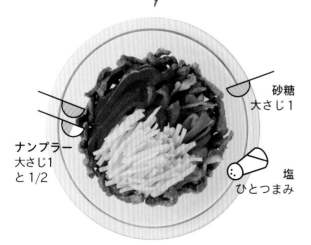

ナンプラー
大さじ1
と1/2

砂糖
大さじ1

塩
ひとつまみ

3 レンチン

1に2と水気を切ったたけのこ、ナンプラー、砂糖、塩を加えてよくまぜ、ふんわりラップで2分レンチン。肉に火が通ったら完成。

Check！！

たけのこのにおいが気になるときは熱湯に1〜2分さらしてから使う

ナンプラー
がいい香り

アスパラとレタスと牛肉の中華炒め

材料〈2人前〉

牛肉	200g
酒	大さじ1
塩	ひとつまみ
アスパラ	3本
レタス	3枚

合わせ調味料 ※まぜておく

だししょうゆ	大さじ1
※牡蠣しょうゆがおすすめ	
中華ペースト	小さじ1
砂糖	大さじ1/2
※黒糖がおすすめ	

作り方

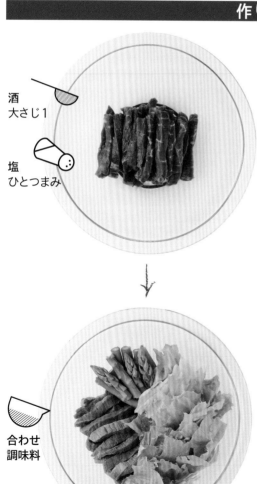

酒
大さじ1

塩
ひとつまみ

合わせ
調味料

1 レンチン

耐熱ボウルに細く切った牛肉、酒、塩を入れてふんわりラップで1分レンチン。

2 まぜる

根元を切り、手で簡単に折れるところで折ったアスパラ、適当な大きさにちぎったレタスを入れ、合わせ調味料を加えてよくまぜる。

Check!!
解凍した冷凍アスパラを使えば簡単！

3 レンチン

ふんわりラップで2分30秒レンチン。肉に火が通ったら完成。汁はお好みで。

ごはんが
進むウマさ

冷凍さといもで煮物も簡単

牛肉としめじと さといもの煮込み

材料〈2人前〉

冷凍さといも	8個	酒	大さじ2
水	100㎖	白だし	大さじ1
しょうゆ	大さじ3	ごま油	大さじ1
砂糖	大さじ2	しめじ	1/2パック

※黒糖がおすすめ

牛バラ肉（切り落とし）200g
かいわれ　お好みで

作り方

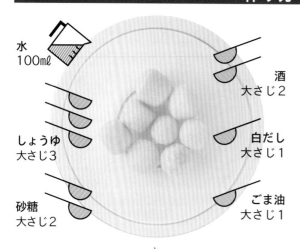

水 100㎖

しょうゆ 大さじ3

砂糖 大さじ2

酒 大さじ2

白だし 大さじ1

ごま油 大さじ1

1 レンチン

耐熱ボウルに冷凍さといも、水、しょうゆ、砂糖、酒、白だし、ごま油を入れ、ふんわりラップで7分レンチン。軽くまぜ、ふんわりラップで3分レンチン。

2 まぜる

石づきを取り1本ずつに分けたしめじと牛肉を加え、よくまぜたらふんわりラップで3分レンチン。肉に火が通ったらかいわれをそえて完成。

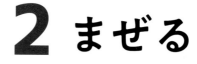

Check!!

牛肉はなるべく広げて入れると火が通りやすい

しみウマ＆
こくウマ

バターの香りが引き立つ

牛肉とまいたけの にんにくバター炒め

材料〈2人前〉

牛肉（切り落とし）	200g	まいたけ	1パック	刻みねぎ	お好みで
バター	20g	塩	ひとつまみ		
にんにくチューブ	7cm	ブラックペッパー	たっぷり		

作り方

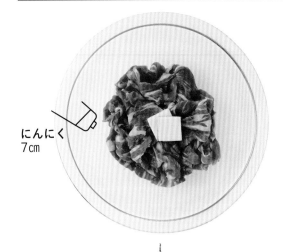

にんにく
7cm

1 まぜる

耐熱ボウルに牛肉、バター、にんにくを入れて軽くまぜる。

Check!!
切れているバターを使うと便利！

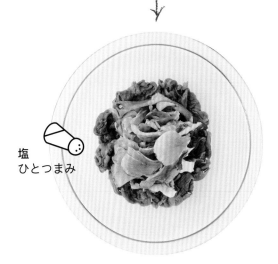

塩
ひとつまみ

2 レンチン

ふんわりラップで1分レンチン。細かくさいたまいたけ、塩を加え、ふんわりラップで1分30秒レンチン。軽くまぜ、再度ふんわりラップで1分レンチン。ブラックペッパーと刻みねぎをかけたら完成。

ふんわり
コクウマ

豚こまってどこの肉?

同じ「豚肉」でも「バラ」や「ロース」など種類はいろいろ。
取れる部位によって特徴があるので、知っておくと便利!

[豚バラ肉]

脂肪多め。肉は柔らかめ。薄切りは炒め物、ブロックは煮込み料理に。

[豚ロース・もも]

赤身多め。肉の歯ごたえがしっかりしている。
薄切りはしょうが焼き・しゃぶしゃぶ、厚切りはとんかつに。

[豚こま切れ]

いろいろな部位が混ざっている。適当な大きさにカット済みなので使いやすい。

[鶏もも肉]

脂肪多め。肉は柔らかめ。唐揚げ、煮物、ソテーに。

[鶏むね肉]

脂肪少なめ。肉の歯ごたえがしっかりしている。唐揚げ、蒸し料理に。

[合い挽き肉]

挽き肉のなかでも「豚」と「牛」を合わせたもの。

POINT

保存するときは1回分ずつ小分けにして冷凍しておくと便利

Part 3

野菜を使った

ヘルシー
おかず

千切りキャベツ
（1袋＝130〜150g）

キャベツの コールスロー マスタード風味

ヘルシーおかず

材料〈2人前〉

千切りキャベツ————1袋	レモン汁————小さじ1	ブラックペッパー————適量
塩————ひとつまみ	マヨネーズ————大さじ1と1/2	
粒マスタード————大さじ1	オリーブオイル————大さじ1	

作り方

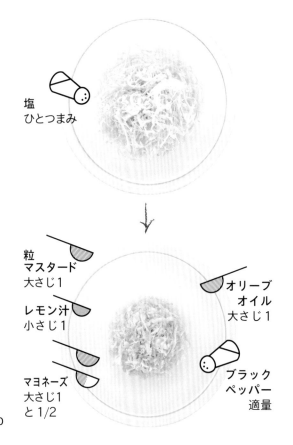

塩
ひとつまみ

粒
マスタード
大さじ1

レモン汁
小さじ1

マヨネーズ
大さじ1
と1/2

オリーブ
オイル
大さじ1

ブラック
ペッパー
適量

1 もむ

ボウルにキャベツと塩を入れてよくもみ、ラップをして5分おく。

2 まぜる

1を絞って水気を切り、粒マスタード、レモン汁、マヨネーズ、オリーブオイル、ブラックペッパーを加えてまぜたら完成。

Check!!

厚手のキッチンペーパーに包んで絞るとキャベツが手につかない

手軽に
大満足

キャベツとツナのサラダ

作り方

材料〈2人前〉

ツナ缶 1缶（70ｇ）	にんにくチューブ 5㎝	ブラックペッパー たっぷり
マヨネーズ 大さじ2	千切りキャベツ 1袋	
ごま油 大さじ1		

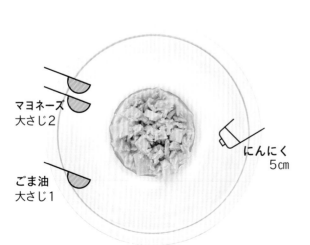

マヨネーズ
大さじ2

ごま油
大さじ1

にんにく
5㎝

1 ボウルにツナ（汁ごと）、マヨネーズ、ごま油、にんにくを入れてよくまぜる。

2 キャベツとブラックペッパーを加えてよくまぜたら完成。

Arrange!!
コーンを入れてもおいしい！

キャベツとしらすのナムル

作り方

材料〈2人前〉

千切りキャベツ	1袋	ごま油	大さじ2	にんにくチューブ	3㎝
しらす	大さじ2	塩	少々		

1
ボウルにキャベツとしらすを入れ、ごま油、塩、にんにくを加える。キャベツがしんなりするまでよくまぜたら完成。

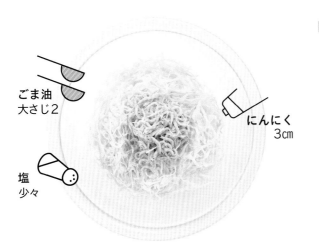

ごま油
大さじ2

塩
少々

にんにく
3㎝

Arrange!!
しらすの代わりに桜えびを入れてもおいしい！

73

きゅうり

ヘルシーおかず

ナンプラーでお手軽アジアン

えびときゅうりの ナンプラー炒め

材料〈2人前〉

きゅうり	2本	ナンプラー	大さじ1	砂糖	小さじ1
冷凍えび（大）	10尾	しょうがチューブ	3㎝	※黒糖がおすすめ	
塩	ひとつまみ	にんにくチューブ	5㎝	オリーブオイル	大さじ1/2
こしょう	少々	鶏ガラスープの素	小さじ1		

作り方

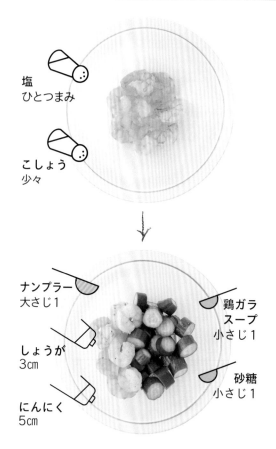

塩
ひとつまみ

こしょう
少々

ナンプラー
大さじ1

しょうが
3㎝

にんにく
5㎝

鶏ガラ
スープ
小さじ1

砂糖
小さじ1

1 レンチン

幅1.5〜2㎝に切ったきゅうりをラップで包み、1分30秒レンチン。えびを流水で解凍したら耐熱ボウルに入れ、塩、こしょうをし、ふんわりラップで1分レンチン。汁気を軽く切る。

2 まぜる

レンチンしたきゅうり、ナンプラー、しょうが、にんにく、鶏ガラスープ、砂糖を加えてよくまぜ、ふんわりラップで1分20秒レンチン。オリーブオイルをかけたら完成。

プリプリが
おいしい

おつまみきゅうり

作り方

材料〈2人前〉

きゅうり	2本	しょうゆ	大さじ1	にんにくチューブ	5㎝
塩	大さじ1	鶏ガラスープの素	小さじ1	たかの爪（輪切り）	お好みで
ごま油	大さじ2	はちみつ	小さじ1		

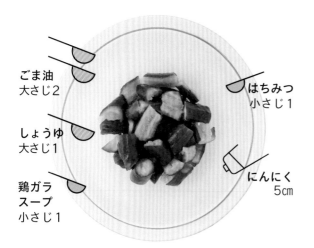

ごま油
大さじ2

しょうゆ
大さじ1

鶏ガラ
スープ
小さじ1

はちみつ
小さじ1

にんにく
5㎝

1 半分に折ったきゅうりと塩をポリ袋に入れてよくもみ、冷蔵庫で10分ねかせる。

2 水洗いして水気を切ったら手などでつぶし、食べやすい大きさに割ってボウルに入れる。

3 ごま油、しょうゆ、鶏ガラスープ、はちみつ、にんにくを加えてよくまぜ、たかの爪をちらして完成。

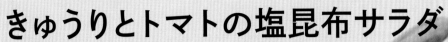

きゅうりとトマトの塩昆布サラダ

作り方

材料〈2人前〉

きゅうり	2本	塩昆布	大さじ1	レモン汁	大さじ1
塩	ひとつまみ	ごま油	大さじ2		
ミニトマト	10個	しょうゆ	大さじ1		

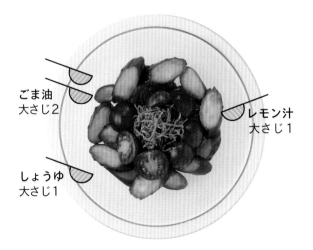

ごま油
大さじ2

レモン汁
大さじ1

しょうゆ
大さじ1

1 幅3〜5mmに切ったきゅうりと塩をポリ袋に入れてよくもみ、冷蔵庫で10分ねかせる。

2 1の水気を切り、半分に切ったミニトマト、塩昆布、ごま油、しょうゆ、レモン汁を加えてよくからめたら完成。

トマト

しらす納豆とトマトのサラダ

ヘルシーおかず

材料〈1人前〉

納豆	1パック	しょうゆ	小さじ1
ミニトマト	6個	しらす	大さじ1〜2
オリーブオイル	小さじ1	刻みねぎ	適量

作り方

1 まぜる

納豆は付属のたれとまぜる。半分に切ったミニトマトをボウルに入れ、オリーブオイル、しょうゆを加えてまぜ、器に盛る。

オリーブ
オイル
小さじ1

しょうゆ
小さじ1

2 のせる

1の納豆としらすをのせ、刻みねぎをちらしたら完成。

Arrange!!
豆腐やごはんにのせてもおいしい!

食べごたえ
抜群

トマトと卵の中華風炒め

作り方

材料〈2人前〉

ミニトマト	6〜8個	中華ペースト	小さじ1	かいわれ	適量
ごま油	大さじ1	溶き卵	2〜3個分		
オイスターソース	大さじ1/2	しょうゆ	小さじ1		

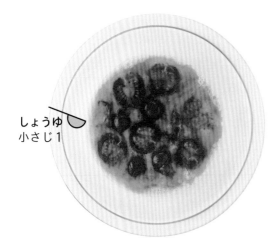

しょうゆ
小さじ1

1 半分に切ったミニトマトを耐熱ボウルに入れ、ごま油、オイスターソース、中華ペーストを加えてよくからめ、ふんわりラップで1分20秒レンチン。

2 溶き卵としょうゆを入れてよくまぜ、ふんわりラップで1分20秒レンチン。軽くまぜてラップをせずに2分レンチンし、かいわれをそえたら完成。

アスパラとトマトのオイル煮

作り方

材料〈2人前〉

アスパラ	5本	
ミニトマト	10個	
オリーブオイル	大さじ1と1/2	
にんにくチューブ	5cm	
塩	ふたつまみ	
ブラックペッパー	適量	

オリーブ
オイル
大さじ1
と1/2

にんにく
5cm

塩
ふたつまみ

1 アスパラの根元を切り落とし、手で簡単に折れるところで折ったら耐熱ボウルに入れる。

2 ミニトマト、オリーブオイル、にんにく、塩を加え、軽くまぜたらふんわりラップで2分レンチン。

3 アスパラに火が通ったら、ブラックペッパーをかけて完成。

ブロッコリーとチキンの温サラダ

作り方

材料〈2人前〉

ブロッコリー	1株
酒①	大さじ1
塩①	ひとつまみ
サラダチキン	1枚（約110g）
まいたけ	1パック（約110g）

合わせ調味料 ※まぜておく

しょうゆ	大さじ1
※牡蠣しょうゆがおすすめ	
酒②	大さじ1

柚子こしょう	小さじ1
塩②	ひとつまみ

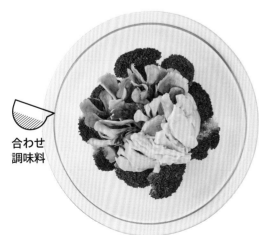
合わせ調味料

1 ブロッコリーを小房に分けたら耐熱ボウルに入れ、酒①、塩①を加えてふんわりラップで3分レンチン。水気を切る。

2 サラダチキンとまいたけを適当な大きさにさいて入れ、合わせ調味料を加えてよくまぜ、ふんわりラップで2分レンチン。軽くまぜ、ふんわりラップで1分30秒レンチンしたら完成。

ブロッコリーのカルボナーラ風

作り方

材料〈2人前〉

ブロッコリー	1株	スライスベーコン	4枚	オリーブオイル	大さじ3
酒	大さじ1	粉チーズ①	60g	ブラックペッパー	適量
塩	ひとつまみ	溶き卵（常温）	1個分	粉チーズ②	お好みで

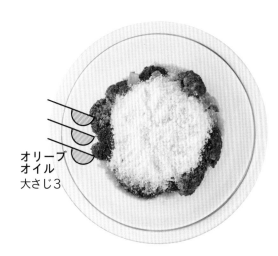

オリーブ
オイル
大さじ3

1 小房に分けたブロッコリーを耐熱ボウルに入れ、酒、塩を加えてふんわりラップで2分レンチン。水気を切る。

2 幅1cmに切ったベーコンを入れ、ふんわりラップで1分レンチン。熱いうちに粉チーズ①、溶き卵、オリーブオイルを加えてよくまぜ、ブラックペッパーと粉チーズ②をかけて完成。

いんげんとごぼうの塩麹きんぴら

作り方

材料〈2人前〉

冷凍いんげん................100g
鶏もも肉（切り身）
................6切れ（約170g）
塩................ひとつまみ

ごぼう水煮（細切り）
................1袋（約100g）
酒................大さじ1

塩麹................大さじ1と1/2
ごま油................大さじ1と1/2
いりごま................大さじ1

酒
大さじ1

ごま油
大さじ1
と1/2

塩麹
大さじ1
と1/2

1 冷凍いんげんは解凍しておく。

2 耐熱ボウルに半分に切った鶏肉と塩を入れ、ふんわりラップで3分30秒レンチン。

3 1と水気を切ったごぼう、酒、塩麹、ごま油を加えたらよくまぜ、ふんわりラップで2分レンチン。水気を切り、いりごまをかけたら完成。

いんげんとベーコンのバター炒め

材料 〈2人前〉

冷凍いんげん ……… 100g	バター …… 大さじ1と1/2（18g）	ブラックペッパー ……… 適量
スライスベーコン ……… 4枚	しょうゆ ……… 小さじ1	

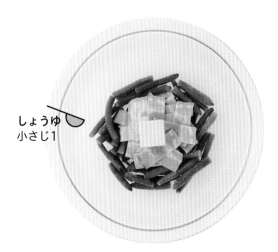

しょうゆ
小さじ1

1 冷凍いんげんは解凍しておく。

2 耐熱ボウルに **1** と幅1〜2cmに切ったベーコン、バターを入れ、しょうゆを加えてふんわりラップをし、2分レンチン。

3 よくまぜ、ブラックペッパーをかけたら完成。

野菜は時間の空いたときにまとめ買いして下準備をしておくと便利！
保存の仕方で長持ちさせることもできます。

[きゅうり]

冷蔵：洗ったら水気を切り、野菜室で立てて保存。

冷凍：幅5mm程度の輪切りにして塩でもみ、少しおいたら水気を切ってラップ
　　　で包み、ポリ袋などに入れて保存。1回分ずつ小分けにすると便利。使
　　　うときは自然解凍か熱湯をかけて解凍。

[トマト]

冷蔵：ヘタを下にして野菜室で保存。傷つきやすいので、ほかの食材が当たら
　　　ないように注意。

冷凍：洗ってヘタを取り、水気を切ってポリ袋などに入れて保存。冷凍すると、
　　　電子レンジや水につけて解凍したあとに皮がむきやすくなるので便利。
　　　切ってから保存するときは重ならないように気をつける。

[ブロッコリー]

冷蔵：野菜室で茎が下になるように立てて保存。つぼみが開いたり、黄色くな
　　　ると味が落ちるのでなるべく早く使い切る。

冷凍：小房に分けたら塩ひとつまみを入れた熱湯で2〜3分ゆで、水気を切っ
　　　てポリ袋に入れて保存。使うときは電子レンジで解凍する。

[長ねぎ]

冷蔵：乾燥しやすいので、適当な大きさに切ってラップで包むか、ポリ袋に入
　　　れて野菜室へ。

冷凍：幅0.5mm程度の小口切りにして容器に入れておくと、薬味として使いや
　　　すい。

Part 4

調理時間8分で完成！

手間なし主食

ぶりのユッケ丼

材料〈1人前〉

焼肉のたれ		にんにくチューブ 4cm	ぶりの刺身 7切れ	刻みねぎ	適量
大さじ2と1/2	ごま油 大さじ1/2	ごはん（大） 1膳分	刻みのり	適量
しょうゆ 大さじ1	豆板醤 小さじ1	卵黄 1個分	いりごま	適量

作り方

1 ボウルに焼肉のたれ、しょうゆ、にんにく、ごま油、豆板醤を入れ軽くまぜる。

2 ぶりの刺身を加えてよくまぜ、冷蔵庫で5分ねかせる。

3 ごはんにのせ、卵黄、刻みねぎ、刻みのり、いりごまをかけたら完成。

ぶりの漬け丼

材料〈1人前〉

みりん	大さじ1/2	ごま油	小さじ1/2
酒	大さじ1/2	いりごま	小さじ1/2
しょうゆ		しょうがチューブ	5cm
	大さじ1と1/2		

ぶりの刺身	8切れ	刻みねぎ	適量
ごはん	1膳分	わさびチューブ	適量
焼きのり	適量		

作り方

1 耐熱ボウルにみりんと酒を入れ、ラップをせずに40秒レンチン。

2 しょうゆ、ごま油、いりごま、しょうが、ぶりの刺身を加えてよくまぜ、ラップをして冷蔵庫で1時間ねかせる。

3 ごはんの上に焼きのりをもみながらふりかけ、その上に**2**と刻みねぎをふり、わさびをそえたら完成。

ぶり

があったら…

梅豚豆苗丼

材料〈1人前〉

豚バラ肉	100g	だししょうゆ	小さじ1	梅干し	2個
酒	小さじ1	※牡蠣しょうゆがおすすめ		ごはん	1膳分
片栗粉	小さじ1	豆苗	1/2パック	かいわれ	お好みで

作り方

1 ひと口大に切った豚肉を耐熱ボウルに入れ、酒、片栗粉、だししょうゆを加えてよくまぜたら、ふんわりラップで1分レンチン。

2 1に豆から2cmほど上を切って3等分した豆苗、種を取ってつぶした梅干しを入れ、ふんわりラップで2分30秒レンチン。

3 肉に火が通ったらよくまぜ、ごはんにのせ、かいわれをそえて完成。

手間なし主食

豚肉

があったら…

満腹の豚ピー丼

材料〈1人前〉

ピーマン——3個	塩———ひとつまみ	酒———大さじ1	にんにくチューブ	ごはん——1膳分
豚バラ肉——150g	こしょう——少々	豆板醤——小さじ1	———————5㎝	卵黄——1個分
ごま油——大さじ1	焼肉のたれ 大さじ2		しょうゆ——小さじ1	いりごま——適量

作り方

1 ピーマンはヘタと種を取って縦の細切りにし、ラップに包み1分レンチン。

2 耐熱ボウルにひと口大に切った豚肉、ごま油、塩、こしょうを入れて軽くまぜ、ふんわりラップで1分20秒レンチン。

3 1、焼肉のたれ、酒、豆板醤、にんにく、しょうゆを加えてよくまぜ、ふんわりラップで1分レンチン。ごはんにのせて卵黄を落とし、いりごまをかけたら完成。

91

ツナねぎごま丼

Check！！

缶詰の汁気を切るときは、缶の蓋を使うと便利

材料〈1人前〉

ツナ缶	1缶（70g）	刻みねぎ	大さじ3
ごま油	大さじ1	ごはん	1膳分
しょうゆ	小さじ1	七味とうがらし	適量

作り方

1 汁気を切ったツナをボウルに入れ、ごま油、しょうゆ、刻みねぎを加えてよくまぜる。

2 ごはんにのせ、七味をかけたら完成。

韓国風ツナ丼

材料〈1人前〉

ツナ缶 1缶（70g）	ごはん（大） 1膳分	マヨネーズ 適量	ブラックペッパー 適量
しょうゆ 小さじ1	韓国のり 好きなだけ	天かす 大さじ1と1/2	
ごま油 小さじ1	三つ葉 好きなだけ	刻みねぎ 適量	

作り方

1 汁気を切ったツナをボウルに入れ、しょうゆ、ごま油を加えて軽くまぜる。

2 ごはんに韓国のりと三つ葉をちぎってのせ、その上に**1**をのせる。

3 マヨネーズをたっぷりかけ、天かす、刻みねぎ、ブラックペッパーをかけたら完成。

ツナ缶 があったら…

しょうゆだけの鉄火丼

材料〈1人前〉

マグロ切り落とし
（厚め）――――8切れ
しょうゆ――――適量
※牡蠣しょうゆがおすすめ

ごはん（大）――――1膳分
刻みのり――――適量
刻みねぎ――――適量

わさび――――適量

作り方

1 ポリ袋にマグロ切り落としを入れ、しょうゆを加えてよくもみ、冷蔵庫で2時間ねかせる。

2 ごはんに刻みのりをたっぷりのせ、その上に**1**と刻みねぎ、わさびをのせたら完成。

マグロ

があったら…

サーモンとマグロの
ユッケ丼

材料〈1人前〉

しょうゆ 大さじ1と1/2	焼肉のたれ 大さじ3	ごはん（大） 1膳分	かいわれ 適量
ごま油 大さじ1と1/2	コチュジャン 小さじ1	焼きのり 好きなだけ	（刻みネギでもOK）
にんにくチューブ 4cm	サーモンの刺身 100g	卵黄 1個分	いりごま 適量
しょうがチューブ 2cm	マグロの刺身 80g		

作り方

1 ボウルにしょうゆ、ごま油、にんにく、しょうが、焼肉のたれ、コチュジャンを入れてよくまぜる。

2 サーモンとマグロの刺身を入れてまぜる。

3 ごはんに焼きのりをもみながらふりかけ、2をのせ、卵黄、かいわれ、いりごまをのせたら完成。

95

鶏もも肉とキャベツ丼

材料〈1人前〉

鶏もも肉（切り身）	鶏ガラスープの素	しょうがチューブ……4㎝	ごはん……1膳分
……6切れ（約150g）	……小さじ1	カットキャベツ……1/2袋	かいわれ……少々
酒……大さじ1と1/2	しょうゆ……小さじ1	塩……ひとつまみ	ブラックペッパー……適量

作り方

1 耐熱ボウルに1切れを半分に切った鶏肉、酒、鶏ガラスープ、しょうゆ、しょうがを入れ、よくまぜたらふんわりラップで1分30秒レンチン。

2 1にキャベツと塩を加え、ふんわりラップで2分30秒レンチン。

3 肉に火が通ったらごはんにのせ、かいわれをそえてブラックペッパーをふったら完成。

鶏ももねぎ丼

材料〈1人前〉

白ねぎ………………1/2本	酒………………大さじ2	砂糖………………小さじ1	ブラックペッパー……適量
鶏もも肉(切り身)	水………………大さじ1	※黒糖がおすすめ	一味とうがらし お好みで
……6〜7切れ（約170g）	塩麹………………大さじ1	ごはん………………1膳分	

作り方

1 白ねぎを斜め薄切りにし、ラップで包み1分レンチン。

2 1切れを半分に切った鶏肉を耐熱ボウルに入れ、酒、水、塩麹、砂糖を加えて軽くまぜたら、ふんわりラップで3分30秒レンチン。

3 肉に火が通ったら1を加えて軽くまぜ、ごはんにのせてブラックペッパーと一味をかけたら完成。

鶏肉 があったら…

オイルサーディンの和風丼

材料〈1人前〉

オイルサーディン……1缶	塩…………少々	大葉…………5枚	刻みねぎ…………適量
だししょうゆ 大さじ1	ごはん…………1膳分	いりごま…………適量	一味とうがらし…………適量
※牡蠣しょうゆがおすすめ			

作り方

1 オイルサーディンを汁ごと耐熱ボウルに入れ、だししょうゆ、塩を加えて軽くまぜたら、ふんわりラップで1分レンチン。

2 ごはんにのせ（汁はお好みで）、適当な大きさに切った大葉、いりごま、刻みねぎをのせ、一味をふりかけたら完成。

手間なし主食

オイルサーディンがあったら…

おしゃれサーディン丼

材料〈1人前〉

オイルサーディン……1/2缶	フレンチドレッシング……大さじ1	こしょう……少々	ブラックペッパー……適量
冷凍玉ねぎスライス…50g	しょうゆ……小さじ1	ごはん（大）……1膳分	
		かいわれ……適量	

作り方

1 汁気を軽く切ったオイルサーディンと冷凍玉ねぎスライスを耐熱ボウルに入れ、軽くまぜたらふんわりラップで1分30秒レンチン。

2 玉ねぎが透明になったらフレンチドレッシング、しょうゆ、こしょうを加えてまぜる。

3 ごはんに**2**とかいわれをのせ、ブラックペッパーをふったら完成。

99

贅沢 TKG
<ruby>たまご<rt></rt></ruby> <ruby>かけ<rt></rt></ruby> <ruby>ごはん<rt></rt></ruby>
カルボナーラ風

材料〈1人前〉

スライスベーコン 2枚	ごはん 1膳分	ブラックペッパー 適量
卵 1個	卵黄 1個分	塩 適量
オリーブオイル 大さじ1	粉チーズ 大さじ1と1/2	

作り方

1 細切りにしたベーコンを耐熱ボウルに入れ、ふんわりラップで30秒レンチン。

2 卵とオリーブオイルを加えてよくまぜたらごはんにかけ、さらにまぜる。

3 2の真ん中にくぼみを作って卵黄を入れ、周りに粉チーズ、ブラックペッパー、塩をかけたら完成。

なめたけとバターの
TKG
たまご かけ ごはん

材料〈1人前〉

なめたけ	大さじ1	ごはん	1膳分	塩	少々
バター	小さじ1（約4g）	卵	1個	大葉	3枚

作り方

1 なめたけとバターを耐熱ボウルに入れ、ふんわりラップで30秒レンチン。

2 ごはんの真ん中に卵を割り入れたら卵黄部分に塩をかけ、周りに千切りにした大葉と **1** をのせて完成。

卵 があったら…

THE レタス丼

材料〈1人前〉

レタス 3枚	しょうゆ 大さじ1	いりごま 少々
ごま油 大さじ1	ごはん 1膳分	刻みねぎ 少々
オイスターソース 小さじ1	焼きのり 適量	

作り方

1 レタスをちぎって耐熱ボウルに入れ、ごま油、オイスターソース、しょうゆを加えてよくまぜ、ふんわりラップで2分レンチン。

2 ごはんにのせ、細かくちぎった焼きのり、いりごま、刻みねぎをかけたら完成。

手間なし主食

レタス があったら…

W卵のレタス
納豆炒飯

（ダブル）

材料〈1人前〉

溶き卵 ———— 1個分	レタス ———— 4枚	中華ペースト — 小さじ1	卵黄 ———— 1個分
塩 ———— ひとつまみ	納豆 ———— 1パック	こしょう① ———— 少々	刻みねぎ ———— 適量
ウインナー ———— 2本	ごま油 ———— 大さじ1	ごはん ———— 1膳分	こしょう② — お好みで

作り方

1 耐熱ボウルに溶き卵、塩を入れ、ふんわりラップで20秒レンチン。

2 別の耐熱ボウルに幅5mmに切ったウインナー、ひと口大に切ったレタス、付属のたれとまぜた納豆、ごま油、中華ペースト、こしょう①を入れてよくまぜたら、ごはんを入れてさらにまぜ、ラップをせずに2分レンチン。

3 **2**に**1**を加えてよくまぜ、ラップをせずに2分30秒レンチン。卵黄をのせ、刻みねぎとこしょう②をかけたら完成。

103

キムチと
なめたけのまぜごはん

材料〈1人前〉

白菜キムチ①　大さじ1	しょうがチューブ　3cm	しょうゆ　小さじ1/2	刻みねぎ　適量
なめたけ　大さじ1/2	ごま油　小さじ1	いりごま　適量	白菜キムチ②　大さじ1
		ごはん（大）　1膳分	

作り方

1 キムチ①を3〜4mmの粗みじん切りにし、耐熱ボウルに入れる。

2 1になめたけ、しょうが、ごま油、しょうゆ、いりごまを加えてラップをせずに30秒レンチン。

3 2にごはんを加えてよくまぜ、刻みねぎとキムチ②をのせたら完成。

キムチと挽き肉丼

材料〈1人前〉

冷凍玉ねぎスライス	塩	少々	白菜キムチ 100g	ごま油 大さじ1	ごはん 1膳分
50g	こしょう 少々	焼肉のたれ	しょうゆ 小さじ1	卵黄 1個分
合い挽き肉 100g	酒 大さじ1	大さじ1	にんにくチューブ	いりごま 少々
			5cm	

作り方

1 耐熱ボウルに冷凍玉ねぎスライスを入れてふんわりラップで1分30秒レンチン。合い挽き肉、塩、こしょう、酒を加え、ふんわりラップで1分レンチン。

2 キムチ、焼肉のたれ、ごま油、しょうゆ、にんにくを加えて軽くまぜたらふんわりラップで1分30秒レンチン。

3 ごはんに2と卵黄をのせ、いりごまをちらして完成。

キムチ

があったら…

カニカマと塩昆布の
まぜごはん

材料〈1人前〉

カニカマ	4本	天かす	大さじ2	塩昆布	大さじ1	いりごま	適量
ごま油	大さじ1	刻みねぎ	適量	ごはん	1膳分	三つ葉	適量

作り方

1 耐熱ボウルに手でほぐしたカニカマを入れ、ごま油、天かす、刻みねぎ、塩昆布を加えて軽くまぜ、ふんわりラップで30秒レンチン。

2 ごはんを加えてよくまぜ、いりごまと三つ葉をかけたら完成。

手間なし主食

カニカマ

があったら…

カニカマたま丼

材料〈1人前〉

溶き卵	2個分	水	大さじ1
カニカマ	4本	ごま油	小さじ1/2
酒	大さじ1		

鶏ガラスープの素	大さじ1/2	片栗粉	小さじ1/2
にんにくチューブ	3cm	ごはん	1膳分
		刻みねぎ	適量

作り方

1 耐熱ボウルに溶き卵、ほぐしたカニカマ、酒、水、ごま油、鶏ガラスープ、にんにく、片栗粉を入れたらよくまぜ、ふんわりラップで1分レンチン。

2 全体的にかきまぜ、ふんわりラップで1分レンチン（卵の固さはお好みでさらに10秒ずつ加熱）。

3 ごはんにのせ、刻みねぎをかけたら完成。

炊飯器を使って ずぼら炊き込みめし

材料を入れて炊くだけ！　簡単・絶品の炊き込みごはんレシピをご紹介。
定番の味から意外な組み合わせまで可能性は無限大！

あさりとグリーンピースの炊き込みごはん

材料〈2人前〉

米 ————— 1合	砂糖 ————— ひとつまみ
あさり水煮缶	塩 ————— ひとつまみ
————— 1缶(固定量60g)	グリーンピース缶
酒 ————— 大さじ2	————— 1缶(固定量55g)

1 米を研ぎ、ざるにあげて30分おき、乾燥させる。

2 炊飯釜に **1** を入れ、あさり水煮缶の汁、酒、砂糖、塩を加え、0.9合の目盛に合わせて水を入れる。

3 グリーンピース（中身だけ）とあさりを **2** の上にのせ、通常の炊飯時間で炊いたら完成。

ひじき煮の炊き込みごはん

材料〈2人前〉

米	1合	しょうがチューブ	4cm
酒	大さじ1	サラダチキン	1/2枚（55g）
しょうゆ	小さじ1	ひじき煮（パック）	1袋（75g）
白だし	大さじ1	刻みねぎ	お好みで

1 米を研ぎ、ざるにあげて30分おき、乾燥させる。

2 炊飯釜に**1**を入れ、酒、しょうゆ、白だし、しょうがを加え、1合の目盛まで水を入れる。

3 サラダチキンを手でさき、ひじき煮と一緒に**2**の上にのせ、通常の炊飯時間で炊き、刻みねぎをのせたら完成。

くり甘露煮の炊き込みごはん

材料〈2人前〉

米	1合
酒	大さじ2
しょうゆ	大さじ2
くり甘露煮の汁	大さじ3
くり甘露煮	120g
ごま塩	少々

1 米を研ぎ、ざるにあげて30分おき、乾燥させる。

2 炊飯釜に**1**を入れ、酒、しょうゆ、甘露煮の汁を加えたら、1合の目盛まで水を入れる。

3 くり甘露煮を**2**の上にのせ、通常の炊飯時間で炊き、ごま塩をかけたら完成。

使える! 調理器具

食材によっては、ちょっとした器具を使うだけで
簡単・便利に下準備ができるものも!
なくてもいいけど、あったら便利なグッズを紹介します。

[スライサー]

食材を薄く切ることができるので、
キャベツの千切りや玉ねぎの薄切りが簡単に。
大根やきゅうりを切ってサラダや漬物にも!

[サラダスピナー]

レタスやキャベツなど、
洗った野菜の水切りもこれで1発!
くるくる回すだけでシャキシャキの
サラダが食べられる。

[卵の穴あけ機]

生卵の殻に穴をあけてからゆでると、
殻がスルンときれいに剥ける。
強く持つと殻が割れてしまうので注意。

[アボカドカッター]

半分にカットして種を取り出すのに便利。
穴のあいた部分はつぶすのに役立つ。

Part 5

1つの食材で7種類！

1週間 アレンジレシピ

アボカド

\これも便利!/

アボカドの下処理

・縦半分になるようキッチンばさみやアボカドカッターを入れ、種に沿ってくるっと一周切り込みを入れる。

▼

・ねじるように回すと二つに分かれるので、スプーンなどで種を取る。

日曜日 *Sunday*

アボカド
マヨ明太

材料〈2人前〉

アボカド	1個	マヨネーズ	適量
明太子	1パック（60g）	ブラックペッパー	適量
大葉	4枚		

作り方

1 アボカドを半分に切って種を取り出す。

2 明太子の中身を取り出し、**1**の種を取った部分に入れる。

3 千切りにした大葉をのせ、マヨネーズ、ブラックペッパーをかけたら完成。

月曜日 monday

火曜日 Tuesday

アボカドの
味噌和え

アボカド
ディップ

材料〈2人前〉

冷凍アボカド	150g	マヨネーズ	小さじ1
味噌	大さじ1	にんにくチューブ	4㎝
いりごま	大さじ1		
ごま油	大さじ1		

材料〈2人前〉

冷凍アボカド	150g	だししょうゆ	大さじ1
ごま油	大さじ3	※牡蠣しょうゆがおすすめ	

作り方

1 耐熱ボウルに冷凍アボカドを入れ、ふんわりラップで1分レンチン。

2 味噌、いりごま、ごま油、マヨネーズ、にんにくを加えてよくからめたら完成。

作り方

1 耐熱ボウルに冷凍アボカドを入れ、ふんわりラップで1分レンチン。

2 ごま油、だししょうゆを加え、つぶしながらよくまぜたら完成。

納豆アボカド丼

材料〈1人前〉

冷凍アボカド	80g	にんにくチューブ	3㎝
納豆	1パック	片栗粉	小さじ1/2
ウインナー	2本	ごはん	1膳分
酒	大さじ1	かいわれ	少々
水	大さじ1		
ごま油	小さじ1		
鶏ガラスープの素	小さじ1		

作り方

1 耐熱ボウルに冷凍アボカドを入れ、ふんわりラップで1分レンチン。付属のたれとまぜた納豆、幅1㎝に切ったウインナーを入れる。

2 酒、水、ごま油、鶏ガラスープ、にんにく、片栗粉を加えてよくまぜ、ふんわりラップで1分40秒レンチン。

3 全体をかきまぜ、ふんわりラップで30秒レンチン。ごはんにのせてかいわれをそえたら完成。

アボカドとハムのチーズトースト

材料〈2人前〉

クリームチーズ	4個	バター	20g
冷凍アボカド（スライス）		ロースハム	8枚
	12〜14切れ	粉チーズ	適量
食パン	2枚		

作り方

1 耐熱ボウルにクリームチーズと冷凍アボカドを入れ、ふんわりラップで1分レンチン。

2 食パンにバターを塗り、**1**と適当な大きさに切ったハムをのせる。

3 粉チーズをかけ、トースターで5分焼いたら完成。

アボカドとサーモン　のカルパッチョ

材料〈2人前〉

冷凍アボカド（スライス） ……………150g	サーモンの刺身 ………………8〜10切れ
オリーブオイル……大さじ1	イタリアンパセリ……適量
しょうゆ……………大さじ2	塩……適量 ※岩塩がおすすめ
酢……………………小さじ1	ブラックペッパー……適量
レモン汁……………小さじ1	
にんにくチューブ……2㎝	

作り方

1 冷凍アボカドは解凍しておく。

2 ボウルにオリーブオイル、しょうゆ、酢、レモン汁、にんにくを入れてよくまぜる。

3 器に1とサーモンを交互に並べてイタリアンパセリをそえ、2と塩、ブラックッペッパーをかけたら完成。

アボカド豆腐　　の韓国風

材料〈2人前〉

冷凍アボカド…………100g	韓国のり………………4枚
絹ごし豆腐…1個（150g）	塩…………………ひとつまみ
ごま油………………大さじ1	しょうゆ…小さじ1と1/2
にんにくチューブ……3㎝	
かいわれ………………適量	

作り方

1 冷凍アボカドは解凍しておく。

2 耐熱ボウルに1と水気を切った豆腐をちぎって入れ、ごま油、にんにくを加えてよくまぜる。

3 2の上にかいわれと韓国のりをちぎってのせ、塩、しょうゆをかけて豆腐が崩れないようざっくりまぜたら完成。

ちくわ

たこのピリ辛 おつまみ

材料〈2人前〉

ゆでだこ（生食用）		しょうゆ	小さじ1
	100g	にんにくチューブ	3㎝
ちくわ	3本	砂糖	ひとつまみ
豆板醤	小さじ2		
ごま油	小さじ1		

作り方

1 ゆでだこは適当な大きさに、ちくわは幅1㎝に切ってボウルに入れる。

2 豆板醤、ごま油、しょうゆ、にんにく、砂糖を加えてよくまぜたら完成。

月曜日 *Monday*

火曜日 *Tuesday*

納豆チーズマヨ

ちくわと卵のバター炒め

材料〈2人前〉

ちくわ	3本	マヨネーズ	適量
納豆	1パック	こしょう	適量
ピザ用チーズ	適量		

材料〈2人前〉

溶き卵	2個分	塩	少々
ちくわ	2本	ブラックペッパー	適量
バター	10g		

作り方

1 縦半分に切ったちくわに、付属のたれ、からしをまぜた納豆をのせる。

2 耐熱皿に並べ、ピザ用チーズ、マヨネーズ、こしょうをかけたらトースターで約8分焼く。チーズが溶けたら完成。

作り方

1 耐熱ボウルに溶き卵、幅3〜5mmの輪切りにしたちくわを入れ、バター、塩を加えてふんわりラップで1分レンチン。

2 よくまぜたら、ふんわりラップで30秒レンチン。軽くまぜ、ブラックペッパーをかけたら完成。

水曜日 Wednesday

木曜日 Thursday

ちくわとサラダ
チキンの筑前煮

ちくわと豚バラの
ポテサラ包み

材料〈2人前〉

こんにゃく		酒	大さじ1
	1枚（約250g）	鶏ガラスープの素	大さじ1/2
ちくわ	4本	いりごま	お好みで
サラダチキン		刻みねぎ	お好みで
	1枚（約110g）	一味とうがらし	お好みで
しょうゆ	大さじ1		
砂糖	大さじ1		
※黒糖がおすすめ			

作り方

1 こんにゃくをスプーンで適当な大きさにちぎって耐熱ボウルに入れ、浸るくらい熱湯（分量外）を注いだらふんわりラップで1分30秒レンチン。

2 水気を切った**1**に、幅1cmに切ったちくわ、食べやすい大きさに切ったサラダチキンを入れ、しょうゆ、砂糖、酒、鶏ガラスープを加え、ふんわりラップで1分30秒レンチン。いりごま、刻みねぎ、一味をかけたら完成。

材料〈2人前〉

ちくわ	4本	焼肉のたれ	大さじ2
ポテトサラダ（パック）		酒	大さじ1
	1袋（100g）	砂糖	大さじ1
豚バラ肉（薄切り）	4枚	※黒糖がおすすめ	

作り方

1 縦に切れ目を入れたちくわに、ポテトサラダを詰め、豚肉で巻く。

2 耐熱ボウルに焼肉のたれ、酒、砂糖を入れてよくまぜ、**1**をよくからめたらふんわりラップで1分レンチン。

3 ちくわを裏返し、ふんわりラップで2分レンチン。肉に火が通ったら完成。

ひじき煮とちくわの 炊き込みごはん

カニちく チーズ焼き

材料〈2人前〉

米	1合	ひじき煮（パック）	
酒	大さじ2		1袋（約70g）
だししょうゆ		ちくわ	4本
	大さじ1と1/2	刻みねぎ	適量
※牡蠣しょうゆがおすすめ			
しょうがチューブ	5㎝		
塩	ひとつまみ		

材料〈2人前〉

カニカマ	8本	ちくわ	4本
マヨネーズ	大さじ3	ピザ用チーズ	たっぷり
からしチューブ	4㎝		

作り方

1 米を研ぎ、ざるにあげて30分おく。

2 炊飯釜に、**1**と酒、だししょうゆ、しょうが、塩を入れ、0.9合の目盛に合わせて水を入れる。

3 ひじき煮と幅1㎝の輪切りにしたちくわを入れ、通常の炊飯時間で炊き、刻みねぎをのせたら完成。

作り方

1 ボウルにカニカマをほぐし入れ、マヨネーズ、からしを加えてよくまぜる。

2 輪切りにしたちくわを耐熱性の器に並べてピザ用チーズと**1**をのせ、トースターで約10分焼く。チーズに焼き色がついたら完成。

サラダチキン

サラダチキンは
1枚110gのものを
使用しています

チキンのアボカド わさびじょうゆ和え

材料〈2人前〉

アボカド	1個	わさび	小さじ1
サラダチキン	1/2枚	しょうゆ	大さじ1

作り方

1 アボカドを皮ごと半分に切り、種を取って器に盛る。

2 サラダチキンを手で細くさき、**1**の上にのせる。

3 わさびとしょうゆをよくまぜてかけたら完成。

チキンの
満腹サラダ

豆苗梅
チキン

材料〈2人前〉

冷凍アボカド	130g
サラダチキン	1枚
きゅうり	1/2本
クリームチーズ	2個（30〜40g）
しょうゆ	大さじ1
白だし	小さじ1
ごま油	大さじ1
酢	小さじ1
	（レモン汁でもOK）
わさびチューブ	4㎝
いりごま	大さじ1

作り方

1 冷凍アボカドは解凍しておく。

2 ボウルに食べやすい大きさに切ったサラダチキンと**1**、輪切りにしたきゅうり、適当な大きさに切ったクリームチーズを入れる。

3 しょうゆ、白だし、ごま油、酢、わさび、いりごまを加え、よくまぜたら完成。

材料〈2人前〉

サラダチキン	1枚
豆苗	1/2袋
梅干し（大）	1個
しょうゆ	大さじ1
大葉	お好みで

作り方

1 1〜1.5㎝角に切ったサラダチキンと、豆の上2㎝ほどを切り3等分した豆苗をボウルに入れる。

2 種を取ってつぶした梅干し、しょうゆを加えてよくまぜ、大葉をのせたら完成。

チキンの
おしゃれサラダ

材料〈2人前〉

粉チーズ	大さじ3	ベビーリーフ	1袋（40g）
マヨネーズ	大さじ2	ブラックペッパー	適量
オリーブオイル	大さじ1		
しょうゆ	小さじ1		
サラダチキン	1枚		

作り方

1 ボウルに粉チーズ、マヨネーズ、オリーブオイル、しょうゆを入れてよくまぜる。

2 幅5mmに切ったサラダチキン、ベビーリーフを加えてよくまぜ、ブラックペッパーをかけたら完成。

チキンとアボカド
　のマヨ炒め

材料〈2人前〉

冷凍アボカド	100g	にんにくチューブ	5cm
酒	大さじ1	サラダチキン	1枚
しょうゆ	大さじ1	ゆで卵	2個
マヨネーズ	大さじ3		
わさびチューブ	5cm		

作り方

1 冷凍アボカドは解凍しておく。耐熱ボウルに酒、しょうゆ、マヨネーズ、わさび、にんにくを入れてよくまぜる。

2 手でさいたサラダチキンとアボカドを加え、よくからめたらふんわりラップで2分レンチン。

3 4等分したゆで卵をそえたら完成。

チキンの
香味しょうゆ

蒸し鶏の
マスタードソース

材料〈2人前〉

きゅうり	1〜2本
サラダチキン	1枚

合わせ調味料 ※まぜておく

しょうがチューブ	7cm	砂糖	小さじ1/2
しょうゆ	大さじ1	ラー油	小さじ1/2
酢	小さじ1		
ごま油	小さじ1		

作り方

1 ポリ袋にきゅうりを入れてつぶし、食べやすい大きさにする。

2 ボウルに適当な大きさに切ったサラダチキンを入れ、合わせ調味料を加えてよくまぜたら完成。

材料〈2人前〉

サラダチキン	1枚	粒マスタード	大さじ1
しょうゆ	大さじ1/2		
ごま油	大さじ1/2		

作り方

1 幅1.5cmに切ったサラダチキンを耐熱皿にのせ、ラップをせずに1分30秒レンチン。

2 別の器でしょうゆ、ごま油、粒マスタードをよくまぜ、**1**にかけたら完成。

さば缶

さば缶は
1缶190gのものを
使用しています

さば
キムチーズ

材料〈2人前〉

絹ごし豆腐	1個（150g）	しょうゆ	大さじ1
白菜キムチ	150g	ピザ用チーズ	たっぷり
さば水煮缶	1缶		
マヨネーズ	大さじ2		

作り方

1 耐熱ボウルに水気を切った豆腐、キムチ、汁気を切ったさば水煮を入れ、マヨネーズ、しょうゆを加えて軽くまぜる。

2 耐熱性の器に盛り、見えなくなるくらいピザ用チーズをかけ、トースターで約12分焼く。チーズに焼き目がついたら完成。

月曜日 Monday

さばさっぱり みょうが丼

材料〈1人前〉

みょうが	1〜2個	ごはん	1膳分
大葉	4枚	刻みねぎ	適量
さば水煮缶	1/2缶	いりごま	適量
レモン汁	小さじ1		
だししょうゆ	小さじ1		

※牡蠣しょうゆがおすすめ

作り方

1 みょうがは縦の細切り、大葉は千切りにしてボウルに入れる。

2 さば水煮を汁ごと入れ、レモン汁、だししょうゆを加え、さばの身がほぐれるようによくまぜる。

3 ごはんにのせ、刻みねぎといりごまをかけたら完成。

火曜日 Tuesday

さばの デパ地下風サラダ

材料〈2人前〉

れんこん水煮（スライス）	250g	しょうゆ	大さじ1と1/2
酒	大さじ1	※牡蠣しょうゆがおすすめ	
さば水煮缶	1缶	ブラックペッパー	たっぷり
水菜	好きなだけ		
マヨネーズ	大さじ4		

作り方

1 れんこんは流水で軽く洗い、水気を切ったら耐熱ボウルに入れる。

2 酒を加え、ふんわりラップで2分30秒レンチン。

3 2の粗熱が取れたら、汁気を切ったさば水煮と4㎝に切った水菜を入れ、マヨネーズ、しょうゆを加えてよくまぜ、ブラックペッパーをふったら完成。

さば缶
ちらし寿司

材料〈2人前〉

酢————大さじ1と1/2
砂糖————大さじ1と1/2
※三温糖がおすすめ
塩————小さじ1/2
ごはん————1合分
さば水煮缶————1缶

梅干し————3個
大葉————10枚
豆苗————1/2袋
いりごま————大さじ1

作り方

1 耐熱ボウルに酢、砂糖、塩を入れ、ふんわりラップで20秒レンチン。よくまぜる。

2 温かいごはんを加え、手早くしゃもじで切るように全体をまぜ、汁気を切ったさば水煮、種を取ってつぶした梅干しを入れ、さらにまぜる。

3 **2**に千切りにした大葉、根を取って1.5cmに切った豆苗、いりごまを加え、よくまぜたら完成。

さばときゅうりの
レンジ炒め

材料〈2人前〉

きゅうり————2本
さば水煮缶————1缶
ごま油————大さじ1/2
しょうゆ————大さじ1
※牡蠣しょうゆがおすすめ

鶏ガラスープの素
————小さじ1
ブラックペッパー————適量

作り方

1 ひと口大に切ったきゅうりとさば水煮を耐熱ボウルに入れる。

2 ごま油、しょうゆ、鶏ガラスープを加えてよくまぜ、ふんわりラップで3分レンチン。ブラックペッパーをかけたら完成。

1週間アレンジ

さばと豆腐の茶巾蒸し

材料〈2人前〉

味付けザーサイ —— 大さじ1
きんぴらごぼう（パック）
—————— 1袋（70g）
絹ごし豆腐 —— 2個（300g）
さば水煮缶 —————— 1缶
刻みねぎ① —————— 大さじ5
片栗粉 —————————— 大さじ4
ごま油 —————————— 大さじ1
塩 —————————————— ふたつまみ
酒 —————————————— 小さじ1
刻みねぎ② —————— お好みで
大葉 ——————————— お好みで

つゆ ※まぜておく

水 —————————————— 100㎖
さば缶の汁 ————— 全量
酒 —————————————— 大さじ1/2
白だし ———————— 大さじ1/2
しょうゆ ———————— 大さじ1/2
砂糖 ——————————— 小さじ1
塩 —————————————— 少々

水溶き片栗粉 ※まぜておく

水 —————————————— 大さじ1
片栗粉 ————————— 大さじ1

作り方

1 ザーサイときんぴらごぼうをみじん切りし、耐熱ボウルに入れる。

2 水気を切った豆腐とさば水煮、刻みねぎ①、片栗粉、ごま油、塩、酒を加えてよくまぜたらラップで団子状に丸め、3分30秒レンチン。

3 別の容器につゆを入れ、ラップをせずに2分レンチン。さらに水溶き片栗粉を加えてよくまぜ、ラップをせずに30秒レンチン。とろみがついたら**2**にかけ、刻みねぎ②と大葉をのせたら完成。

さば味噌バターうどん

材料〈1人前〉

冷凍うどん —————— 1玉
さば味噌煮缶 ———— 1缶
しょうゆ ———————— 大さじ1
バター ————————— 15g
しょうがチューブ —— 4㎝
大葉 ——————————— 2枚
刻みねぎ ——————— お好みで

作り方

1 冷凍うどんの袋に爪楊枝などで3〜4カ所穴をあけ、3分レンチン。

2 耐熱ボウルにさば味噌煮を汁ごと入れ、しょうゆ、バター、しょうがを加えて軽くまぜ、ふんわりラップで1分20秒レンチン。

3 **1**と千切りにした大葉を加えてよくまぜ、刻みねぎをのせたら完成。

豆腐

豆腐は
1個150gの3個入りのものを
使用しています

豆腐とアボカドと
えびのグラタン

材料〈2人前〉

冷凍えび（大）————10尾	ピザ用チーズ————たっぷり
酒————大さじ2	ブラックペッパー————適量
塩————ひとつまみ	粉チーズ————適量
こしょう————少々	
絹ごし豆腐————2個	
冷凍アボカド————160g	

作り方

1 耐熱ボウルに解凍したえびを入れ、酒、塩、こしょうを加えて軽くまぜ、ふんわりラップで1分レンチン。

2 スプーンでひと口大にすくった豆腐と解凍したアボカドを加え、ふんわりラップで2分レンチン。汁気を切る。

3 耐熱皿に移し、ピザ用チーズをたっぷりかけたらトースターで10分焼く。焼き目がついたらブラックペッパーと粉チーズをかけて完成。

豆腐とたけのこの あったか煮

材料〈2人前〉

絹ごし豆腐	2個	
長ねぎ	お好みで	
たけのこ水煮（スライス）		
	70g	
なめたけ	大さじ4	
熱湯	100㎖	
しょうゆ	大さじ1	

※牡蠣しょうゆがおすすめ

水溶き片栗粉 ※まぜておく

水	大さじ1
片栗粉	大さじ1

作り方

1 耐熱ボウルにスプーンでひと口大にすくった豆腐、細切りにした長ねぎ、たけのこ、なめたけを入れ、熱湯、しょうゆを加えたらふんわりラップで2分30秒レンチン。

2 水溶き片栗粉を加えて軽くまぜ、ふんわりラップで1分30秒レンチン。とろみがついたら完成。

ダイエット ツナ豆腐

材料〈2人前〉

ツナ缶	1缶（約70g）	
しょうゆ	大さじ1	
ごま油	大さじ1	
ごまドレッシング		
	大さじ2	
味噌	大さじ1	
絹ごし豆腐	2個	
刻みねぎ	適量	
ラー油	適量	

作り方

1 ボウルに汁気を切ったツナを入れ、しょうゆ、ごま油、ごまドレッシング、味噌を加えてよくまぜる。

2 豆腐を器に盛り、**1**と刻みねぎをのせ、ラー油をかけたら完成。

丼でも
おいしい納豆腐

材料〈2人前〉

納豆	2パック	刻みのり	適量
たくあん	6～8切れ	刻みねぎ	お好みで
絹ごし豆腐	1個		
白だし	小さじ2		
一味とうがらし	適量		

作り方

1 付属のたれとまぜた納豆、粗みじん切りにしたたくあん、水気を切った豆腐をボウルに入れ、白だしを加えて豆腐をつぶすようにまぜる。

2 一味、刻みのり、刻みねぎをちらしたら完成。

オリーブde
塩冷奴

材料〈2人前〉

絹ごし豆腐	2個	ブラックペッパー	
オリーブオイル	大さじ3		小さじ1と1/2
塩	小さじ1と1/2	ドライパセリ	お好みで
※粗塩がおすすめ			

作り方

1 水気を切った豆腐を大きめのスプーンでひと口大にすくい、器に盛る。

2 オリーブオイル、塩、ブラックペッパー、ドライパセリをかけたら完成。

洋風 じゃこ豆腐

材料〈2人前〉

ちりめんじゃこ	しょうゆ────大さじ1/2
────大さじ2〜3	絹ごし豆腐────1個
オリーブオイル──大さじ1	刻みねぎ────お好みで
にんにくチューブ───3㎝	

作り方

1 耐熱ボウルにちりめんじゃこを入れ、オリーブオイルを加えて、ラップをせずに1分レンチン。

2 にんにく、しょうゆを加えてよくまぜる。

3 豆腐を4等分して器に盛り、**2**と刻みねぎをかけたら完成。

塩麹de さっぱり麻婆

材料〈2人前〉

合い挽き肉────120g	しょうがチューブ───5㎝
酒────大さじ2	塩────ふたつまみ
塩麹────大さじ1〜2	豆板醤────大さじ1
ごま油────大さじ1	小松菜────1束
にんにくチューブ────5㎝	木綿豆腐────2個
	熱湯────100㎖

水溶き片栗粉 ※まぜておく
[水────大さじ2　片栗粉────大さじ1

作り方

1 耐熱ボウルに合い挽き肉、酒、塩麹、ごま油、にんにく、しょうが、塩、豆板醤を入れて軽くまぜ、ふんわりラップで1分30秒レンチン。

2 3㎝に切った小松菜、適当な大きさにちぎった豆腐、熱湯を加え、ふんわりラップで2分レンチン。

3 水溶き片栗粉を加え、軽くまぜ、ふんわりラップで3分30秒レンチン。とろみがついたら完成。

この本ではなるべく分かりやすい用語を使うようにしていますが
一般的なレシピのなかには分かりにくいものもあるので、ちょっとご紹介。

[ひたひた]

材料を煮込んだり、漬けたりするときによく使われます。
鍋や容器に入れた材料がちょっとだけ見えるくらい水や煮汁を入れます。

[かぶるくらい]

煮込んだり、ゆでたりするときによく使われます。
ひたひたよりも多く、材料がすっぽり頭までつかるくらい水や煮汁を入れます。

[ぐらぐら]

水や煮汁が沸騰して、ボコボコした泡が連続して出ている状態。
出ているのが小さな泡の状態（まだ沸騰していない）は「ふつふつ」。

[小口切り]

きゅうりやねぎなど棒状のものを端から同じ幅で切ること。
円形のものを切るときには輪切りということもあります。

[乱切り]

きゅうりやにんじんなどを少しずつ回しながら斜めに切ること。
「回し切り」ということもあります。

Part 6

惣菜を利用して超簡単！

極ウマ！アレンジ

まぜるだけで本格的な味

卯の花と挽き肉と きのこのマヨ和え

材料〈2人前〉

合い挽き肉 約50g	こしょう 少々	卯の花（パック）1袋（約85g）
しょうゆ 小さじ1	（ブラックペッパーでもOK）	マヨネーズ 大さじ4
	しめじ 1/2袋	ブラックペッパー たっぷり

作り方

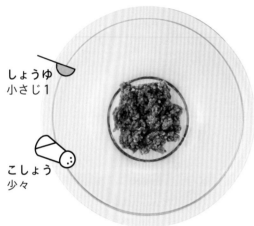

しょうゆ
小さじ1

こしょう
少々

1 レンチン

耐熱ボウルに合い挽き肉、しょうゆ、こしょうを入れてよくまぜたら、ふんわりラップで2分レンチン。しめじは石づきを取って1本ずつにほぐし、ラップで包んで1分30秒レンチン。

物菜の
卯の花を使用

マヨネーズ
大さじ4

ブラック
ペッパー
たっぷり

2 まぜる

しめじの粗熱が取れたら1に加え、卯の花、マヨネーズ、ブラックペッパーを加えてよくまぜたら完成。

惣菜 アレンジ

具が
たくさん

ひじき煮と枝豆の 白和え風

材料〈2人前〉

木綿豆腐	1個（150g）	マヨネーズ	大さじ2
ひじき煮（パック）	1袋（70g）	しょうゆ	大さじ1
枝豆（パック）	1袋（125g）		

すりごま 大さじ1と1/2
塩 ひとつまみ

※牡蠣しょうゆがおすすめ

作り方

1 レンチン

耐熱ボウルに豆腐を入れてふんわりラップで1分レンチンし、水気を切ったら細かくつぶす。

惣菜の
ひじき煮と枝豆を
使用

マヨネーズ
大さじ2

すりごま
大さじ1
と1/2

しょうゆ
大さじ1

塩
ひとつまみ

2 まぜる

ひじき煮、さやから取り出した枝豆を入れ、マヨネーズ、しょうゆ、すりごま、塩を加えてよくまぜたら完成。

惣菜 アレンジ

おいしく
ヘルシー

ひじき煮と水菜の わさびマヨサラダ

材料〈2人前〉

マヨネーズ	大さじ1	オリーブオイル	小さじ1	ひじき煮（パック）	1袋（80g）
わさびチューブ	5㎝	水菜	好きなだけ		

作り方

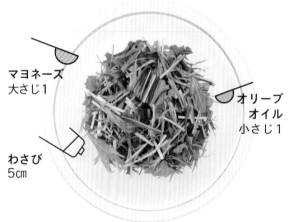

マヨネーズ
大さじ1

オリーブ
オイル
小さじ1

わさび
5㎝

1 入れる

ボウルにマヨネーズ、わさび、オリーブオイルを入れ、軽くまぜたら4㎝に切った水菜を加える。

惣菜の
ひじき煮を使用

2 まぜる

水菜と調味料をよくまぜたらひじき煮も加え、さらにまぜて完成。

わさびマヨ
最高

きんぴら豚丼

材料〈1人前〉

豚バラ肉（薄切り）	100g	砂糖	小さじ1
オイスターソース	大さじ1	※黒糖がおすすめ	
だししょうゆ	小さじ1	にんにくチューブ	5㎝
※牡蠣しょうゆがおすすめ		しょうがチューブ	3㎝

長ねぎ	1/2本
きんぴらごぼう（パック）	1袋(70g)
ごはん	1膳分
一味とうがらし	お好みで

作り方

オイスター
ソース
大さじ1

だし
しょうゆ
小さじ1

砂糖
小さじ1

にんにく
5㎝

しょうが
3㎝

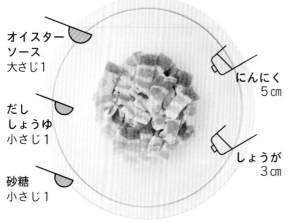

物菜の
きんぴらを使用

1 まぜる

耐熱ボウルにひと口大に切った豚肉を入れ、オイスターソース、だししょうゆ、砂糖、にんにく、しょうがを加えてよくまぜる。

2 レンチン

ふんわりラップで1分30秒レンチン。幅5㎜に切った長ねぎを加えてよくまぜ、ふんわりラップで1分レンチン。きんぴらごぼうを加えてよくまぜ、ふんわりラップで1分レンチン。ごはんにのせ、一味をかけたら完成。

Arrange!!

紅しょうがやいりごまをかけてもおいしい！

豚の油が
極ウマ

唐揚げサラダ

材料〈2人前〉

鶏の唐揚げ	4～5個（150g）
ミニトマト	4個
ベビーリーフ	1パック
オリーブオイル	大さじ1
しょうゆ	小さじ1
レモン汁	小さじ1
粉チーズ	大さじ1と1/2
ブラックペッパー	適量

作り方

惣菜の唐揚げを使用

1 入れる

ボウルに適当な大きさに切った鶏の唐揚げ、ミニトマト、ベビーリーフを入れる。

オリーブオイル
大さじ1

しょうゆ
小さじ1

レモン汁
小さじ1

2 まぜる

オリーブオイル、しょうゆ、レモン汁を加えてよくまぜ、粉チーズとブラックペッパーをかけたら完成。

惣菜 アレンジ

豚の角煮の卵丼

材料〈1人前〉

豚の角煮（パック）
　　　　　　　　1袋（130g）
冷凍玉ねぎスライス　　　　50g
しょうゆ　　　　　　　大さじ1

砂糖　　　　　　大さじ1と1/2
※黒糖がおすすめ
酒　　　　　　　　　　大さじ2
白だし　　　　　　　　大さじ1

水　　　　　　　　　　　40㎖
溶き卵　　　　　　　　　2個分
ごはん　　　　　　　　　1膳分
大葉　　　　　　　　　お好みで

作り方

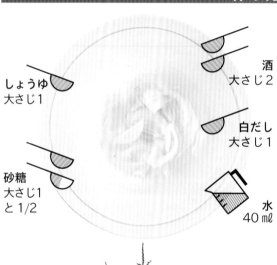

しょうゆ
大さじ1

酒
大さじ2

白だし
大さじ1

砂糖
大さじ1
と1/2

水
40㎖

惣菜の
豚の角煮を使用

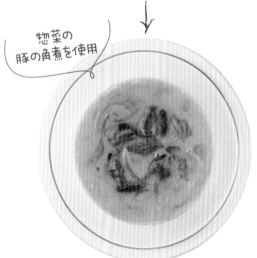

1 レンチン

豚の角煮を袋の表示時間で温める。

2 入れる

耐熱ボウルに冷凍玉ねぎスライスを入れ、ふんわりラップで1分30秒レンチン（生の玉ねぎを使う場合も同様）。しょうゆ、砂糖、酒、白だし、水を加える。

3 レンチン

ふんわりラップで2分レンチン。1と溶き卵を加え、ふんわりラップで1分30秒レンチン。ごはんにのせ、千切り大葉をのせたら完成。

Check！！
卵がゆるければ、さらに10秒ずつ加熱する

爆ウマ

ミートボールの
トマトシチュー

材料〈2人前〉

冷凍玉ねぎスライス	100g
白ワイン	大さじ2
オリーブオイル	大さじ2

スライスベーコン	6枚
エリンギ	1本
ミートボール（パック）	2袋（110g）
ホールトマト缶	1缶（400g）

トマトケチャップ	大さじ2
オイスターソース	大さじ1
塩・こしょう	各適量
にんにくチューブ	5㎝

バター	大さじ1
砂糖	大さじ1
ドライパセリ	適量
粉チーズ	適量

作り方

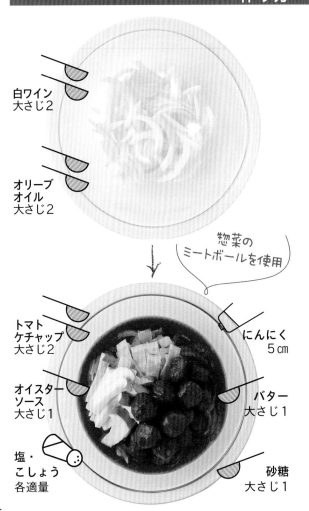

白ワイン
大さじ2

オリーブ
オイル
大さじ2

惣菜の
ミートボールを使用

トマト
ケチャップ
大さじ2

にんにく
5㎝

オイスター
ソース
大さじ1

バター
大さじ1

塩・
こしょう
各適量

砂糖
大さじ1

1 入れる

耐熱ボウルに冷凍玉ねぎスライスを入れ、ふんわりラップで1分30秒レンチン（生の玉ねぎを使う場合も同様）。白ワイン、オリーブオイルを加える。

2 レンチン

ふんわりラップで4分レンチン。幅1㎝に切ったベーコン、細くさいたエリンギ、ミートボール、ホールトマトを入れ、ケチャップ、オイスターソース、塩・こしょう、にんにく、バター、砂糖を加え、軽くまぜたらふんわりラップで6分レンチン。器に盛って、ドライパセリと粉チーズをそえたら完成。

惣菜 アレンジ

なつかし
の味

しゅうまいと厚揚げの和風麻婆

材料〈2人前〉

にら	1/3束	しょうゆ	大さじ1と1/2	厚揚げ	250g
熱湯	140㎖	※牡蠣しょうゆがおすすめ			
酒	大さじ2	砂糖	大さじ1	水溶き片栗粉 ※まぜておく	
味噌	大さじ1	※黒糖がおすすめ		水	大さじ2
		しゅうまい（パック）	150g	片栗粉	大さじ1

作り方

熱湯 140㎖

しょうゆ 大さじ1と1/2

酒 大さじ2

味噌 大さじ1

砂糖 大さじ1

惣菜のしゅうまいを使用

1 レンチン

にらを3㎝に切り、ラップで包んで40秒レンチン。

2 まぜる

耐熱ボウルに熱湯、酒、味噌、しょうゆ、砂糖を入れて軽くまぜ、1と細かく切ったしゅうまい、ひと口大に切った厚揚げを加える。

3 レンチン

ふんわりラップで2分レンチン。水溶き片栗粉を加えて軽くまぜたら、ふんわりラップで2分レンチンして完成。

惣菜 アレンジ

コクウマ！

さば塩焼きの炊き込みごはん

材料〈2人前〉

米	1合	砂糖	大さじ1
しょうゆ	大さじ2	※黒糖がおすすめ	
※牡蠣しょうゆがおすすめ		しょうがチューブ	5㎝
酒	大さじ2	塩	ひとつまみ

カニカマ	8本
さば塩焼き（パック）	1切れ
刻みねぎ	お好みで

作り方

しょうゆ
大さじ2

酒
大さじ2

砂糖
大さじ1

惣菜の
さば塩焼きを
使用

しょうが
5㎝

塩
ひとつまみ

1 研ぐ

米を研ぎ、ざるにあげて30分おき、乾燥させる。

2 炊く

炊飯釜に1を入れ、しょうゆ、酒、砂糖、しょうが、塩を加えたら、0.9合の目盛まで水を入れて軽くまぜ、半分に切ったカニカマとさば塩焼きをのせて通常の炊飯時間で炊く。

3 まぜる

炊き上がったら、さば塩焼きとカニカマをほぐしながらまぜ、器に盛って刻みねぎをのせたら完成。

Check!!
さば塩焼きの骨に注意

惣菜 アレンジ

さば塩焼きと玉ねぎと
アスパラのフレンチ風

材料〈1人前〉

冷凍玉ねぎスライス	100g	バター	10g	粉チーズ	大さじ1
さば塩焼き（パック）	1切れ	白ワイン	大さじ2	ブラックペッパー	適量
アスパラ	2本	塩	ひとつまみ		

作り方

惣菜の
さば塩焼きを
使用

1 レンチン

耐熱ボウルに冷凍玉ねぎスライスを入れ、ふんわりラップで1分30秒レンチン（生の玉ねぎを使う場合も同様）。

2 入れる

4等分したさば塩焼き、4cmに切ったアスパラ、バターを入れる。

白ワイン
大さじ2

粉チーズ
大さじ1

塩
ひとつまみ

3 レンチン

白ワイン、塩、粉チーズを加え、ふんわりラップで2分30秒レンチン。ブラックペッパーをかけたら完成。

バターの香り
が沼ウマ

トロッと鮭の まぜごはん

材料 〈1人前〉

鮭塩焼き（パック）	1 切れ	納豆	1 パック
ごはん（大）	1 膳分	卵黄	1 個分
かいわれ	適量	韓国のり	好きなだけ

作り方

惣菜の
鮭塩焼きを
使用

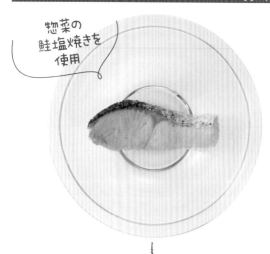

1 ほぐす

鮭塩焼きを袋の表示時間で温め、袋から出してボウルに入れ、骨を取り軽くほぐす。

2 まぜる

ごはんを入れてよくまぜたら器に盛り、適当な幅に切ったかいわれ、付属のたれとからしをまぜた納豆、卵黄、ちぎった韓国のりをのせて完成。

カップラーメン de 炒飯

材料〈1人前〉

カップラーメン（しょうゆ味）……… 1個	サラダ油…………………… 小さじ1
	酒………………………… 大さじ1
ごはん（大）……… 1膳分	溶き卵…………………… 2個分

作り方

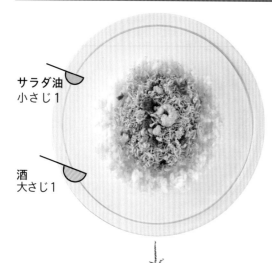

サラダ油
小さじ1

酒
大さじ1

1 くだく

カップラーメンをポリ袋に入れて細かくくだく。

2 まぜる

耐熱ボウルに **1** とごはんを入れ、サラダ油、酒を加えてよくまぜる。

3 レンチン

ふんわりラップで2分レンチン。溶き卵を回し入れて全体をよくまぜ、ラップをせずに1分30秒レンチンしたら完成。

惣菜 アレンジ

これぞ
ず"ぼ"らめし

おわりに

どーも！
ずぼらめしじぇーぴーでレシピを考案している「もじゃくん」です。
最初は料理好きの僕が「何か新しいことを！」と
仕事仲間と一緒に始めた「ずぼらめしじぇーぴー」ですが、
今では友人やその友人、フォロワーさんへとどんどんつながって
たくさんの人に見ていただけるようになり、とてもうれしいです！

フォロワーさんありがとう！
スタッフのみんなありがとう！

誰でも、おいしく、簡単にできるレシピを目指して、
当初は「小学生でも作れる」ことを証明するため、
当時小六だった愛娘がレシピ動画の調理を担当していました。
（多忙な中学生になったのでもう卒業しました）
今ではずぼら料理研究家や担当スタッフも増え、
簡単おいしいレシピを日々考えています。
平日は毎日１レシピ、約２年間一度も休むことなく投稿しています！
「いつも真似しています」や「簡単にできました！」なんて反応があると
僕もスタッフも大変励みになるので、よければコメントいただけると幸いです。
「〇〇を使ったレシピを教えてください」なんてリクエストもOKです！
今後は、サイトをもっと見やすくしたり
ダイエッターや筋トレーニーのための特別レシピも公開予定です。
最初にも言いましたが、ずぼらは正義！
これからも、どんどんずぼらに生きていきましょう。

2021年３月吉日

えびせん
de
キャラメリゼ

材料〈2人前〉

砂糖⋯⋯⋯⋯⋯⋯⋯⋯⋯⋯大さじ3
※黒糖がおすすめ
水⋯⋯⋯⋯⋯⋯⋯⋯⋯⋯⋯大さじ2
バター⋯⋯⋯⋯⋯⋯⋯⋯⋯⋯10g
えびせんスナック⋯⋯1/2袋（40g）

1 耐熱ボウルに砂糖、水、バターを入れて軽くまぜ、ふんわりラップで30秒レンチン。

2 1に入れたバターが溶けるまでまぜ、ラップをせずに2分レンチン。

3 2にえびせんスナックを入れてよくからませ、器に盛って冷蔵庫で30分冷やして完成。

今すぐスマホで
ずぼらめしじぇーぴーのレシピをチェック！

公式サイト

YouTube

Instagram

ずぼらめしじぇーぴー

「ずぼらは正義！」をモットーに、効率化・時短化にとことんこだわったレシピを紹介している大人気料理サイト。みんなが大好きな定番メイン料理からヘルシーなおかず、ダイエット中のごはんまで、大充実の470を超えるメニューを紹介。「忙しい毎日の献立の参考になる」と話題になり、Instagramは開設から約1年間でフォロワー18万人を突破。2021年2月現在は36万人超のフォロワーを抱える。合言葉は……レンジ、いいじゃない！トースター、いいじゃない！炊飯器、いいじゃない！レトルト、いいじゃない！コンビニ、いいじゃない！道具なし、最高じゃない！！！！とことんラクして、「おいしい」を極めましょう。

まぜるだけ！本格調理ゼロでも即ウマ＆爆ウマ！

絶品ずぼらめし

2021年3月25日 第1刷発行

著者　　ずぼらめしじぇーぴー
発行人　蓮見清一
発行所　株式会社宝島社
　　　　〒102-8388 東京都千代田区一番町25番地
　　　　電話　営業:03-3234-4621　編集:03-3239-0928
　　　　https://tkj.jp
印刷・製本　図書印刷株式会社